흔적, 남는者를 위하여

예술가시선 41
흔적, 남는者를 위하여

초판 1쇄 발행　2025년 8월 1일

　　　지은이　이낙봉

　　　펴낸이　한영예
　　　　편집　박광진
　　　펴낸곳　예술가
　　　출판등록　제2014-000085호
　　　　주소　서울 송파구 문정로13길 15-17, 201호
　　　　전화　010-3268-3327
　　　　팩스　033-345-9936
　　　전자우편　kuenstler1@naver.com
　　　　인쇄　아람문화

　　　ISBN　979-11-87081-37-1 03810

* 이 책의 판권은 지은이와 예술가에 있습니다.
* 양측의 동의 없이 무단 전재하거나 복제하는 것을 금합니다.

예술가 시선
41

흔적, 남는 者를 위하여

이낙봉 시집

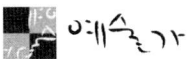

시인의 말

망상망상에서 벗어나려고 노력한다.

되도록 주관적 요소를 제거하고
관념 · 상상 · 해석 · 진술 · 정서 · 단정 · 수사 등을
배제하고,
동시다발적이고
사건과 사건이 서로 무관하게 얽히는 삶을
일상적이고 구체적인 삶을
읽기 쉽게 그리려고 노력한다.

형식과 내용에 구애받지 않고 그냥 묶는다.

2025년 6월 이낙봉

목차

시인의 말

꼬리 내린 개

그러다보면 14
구멍을 지운다 15
어머니 16
똥개 17
금하라고 한다 18
오래된 골목 19
모래 20
중생 21
돌아간다 22
몸 24
벌레 25
경주 26
눈이 오더라 27
동굴은 28
달맞이꽃 29
생각없이 30
관악산 31
지유 32
지민 33
고백 34
시 36
근린공원 37
개미 38
봄 39

치고 오르다 보면

꿈　42
반려통증　43
이팝나무　44
안전 안내 문자　45
똥파리　46
김포한강 조류 생태공원　47
닭　48
감악산　49
갈라진 목소리　50
노래　51
소리 없는　52
그냥　53
여름밤　54
요리　55
싸하다　56
주검　57
당신은　58
몰라요 몰라　59
멋대로 돌아간다　60
좋아 좋아　61
바려자　62
남는 者를 위하여　63
남는 者를 위하여 -보스니아　64
껌을 씹는다　65

풀숲 밖을 엿본다

가다보면 나온다 68
가시나무 69
오르고 내리고 70
무탈 71
유기견 72
안개 73
강변길을 걷는다 74
상자 75
등산 76
보기만 하면 77
바람 불고 78
할 말이 없다 79
그대로 80
그래 그래서 81
5월 82
어제는 83
매일 매일 84
연인산 85
열대야 86
말을 하자면 87
넌 어떠니? 88
졸리면 자야지 89
첫 90
구멍의 일 91

빈 가방을 지고

손이 시리다　94
복근　95
죽　96
일요일 오후　97
마음대로 되는 것이 없어　98
오를 때는 언제나 설렌다　100
동틀 무렵　101
일　102
눈　103
빈 가방　104
그리고　105
가슴이 시리다　106
무작정　107
파도는　108
모르겠다　109
소주　110
바람이 분다　111
카톡　112
파리 목숨　113
이름　114
아우성　115
낙서　116
지렁이　117
없다　118

중얼중얼

돌리고 돌리다가 120
개똥 121
때가 되면 122
날마다 좋은 날 123
인연 124
뒷말 125
밥 잘 먹는다 126
중얼거림 128
비 오는 날 129
순리 130
평일의 행복 131
각양각색 132
어느 겨울날 133
머물지 않는다 134
꿈산책 135
길 136
시쓰기 137
다시 처음 138
안녕 140
공 141
유전 142
눈꽃 144
종이배 145
낡은 선풍기 146

산과 산 사이

국밥　148
인생　150
집　152
불 꺼진 집　153
만보　154
그곳　155
나이가 있으니까　156
엘리베이터　158
불이문　160
왜 그럴까　161
하늘　162
그럼 뭐해　163
어쩌다가　164
왜냐하면　165
그림자가 없다　166
사춘기　167
중앙시장　168
심심한 방　169
사이　170
연기　171
돌　172
무상　173
사랑나무　174
겨울잠　176

밥 177
동막해변 178
연 179
나오시마 180
국가공무원 182

부록

고락 184
두두물물 1 185
두두물물 2 186
두두물물 3 187
두두물물 4 188
두두물물 5 189
두두물물 6 190
두두물물 7 191

꼬리 내린 개

그러다 보면

겨울비가 오면 제주도에 가야겠다, 제주 바람을 보면서 울렁거리는 파도를 만지면서 속을 다스려야겠다, 해변을 걷거나 한라산을 오르다 보면 겨울비가 머리부터 가슴으로 발끝으로 스며들겠지, 용머리바위 아래 해녀 할멈이 썰어주는 해삼 멍게 안주로 소주 한잔 마셔야겠다, 그러다 보면 이 쓸쓸한 겨울비가 눈으로 바뀌려나 몰라,

> 다시 또 누군가를 만나서/ 사랑을 하게 될 수 있을까/ 그럴 수는 없을 것 같아/ 도무지 알 수 없는 한 가지/ 사람을 사랑하게 되는 일/ 참 쓸쓸한 일인 것 같아
> ―양희은, 「사랑, 그 쓸쓸함에 대하여」 부분

겨울이 다 가기 전에 발리에 가야겠다, Kuta 해변에서 서핑하는 아이들을 보면서 붉게 타는 노을을 봐야겠다, 바다의 신을 모시고 있다는 Uluwatu 절벽 사원에서 벼랑을 타고 오르는 파도를 봐야겠다, Popies 거리를 어슬렁거리면서 기념품 하나 사고 맥주를 마셔야겠다, 그러다 보면 싫든 좋든 이 쓸쓸한 겨울이 여름으로 바뀌려나 몰라,

구멍을 지운다

발밑에 난 수많은 구멍을 본다. 비슷하면서도 다른 구멍들, 부지런히 구멍을 드나드는 개미들을 본다.

밤나무 그늘 아래로 120명의 여자가 지나간다. 120분 동안 120명의 다른 여자가 지나간다.

어려운 일이지만 잊으려고 해도 상처는 늘 남고 하늘은 늘 푸른 것도 아니다.

살아갈 날보다 지난날이 더 생각나는 요즈음 기억의 끝은 광장 끝 휘어진 골목으로 사라진다.

쏟아지는 빗줄기로 구멍이 차고 넘친다. 구멍 안에 있자니 죽을 것 같고 구멍 밖에 있자니 미칠 것 같아 구멍을 지운다.

어머니

어머니는 한글을 더듬더듬 읽을 수 있지만 학교에 다니면서 공부를 한 적이 없다, 그래서 그런지 나에게 "공부해라, 공부해라" 그런 소리를 한 번도 하지 않았다,

담배꽁초를 주워 피우고 밀가루 막걸리를 마시며 골목길을 헤매던 시절이 아프게 지나가고, 하루 한 끼를 먹으면서 사랑과 죽음을 이야기하고 독재를 한탄하며 술 마시던 대학 시절도 가고, 유배지 영월에서 십 년을 초등교사 생활을 힘겹게 하면서 나 몰라라 하며 살 때도 아무런 말씀이 없었다,

아파트 놀이터에서 그네에 매달린 사내아이가 창문을 열고 내려다보는 엄마를 보며 "엄마! 엄마!" 내려오라고 웃으며 손짓한다,

눈이 감긴다, 아버지는 벌써 가셨고 중환자실에 입원하신 어머니는 이제 내일 모래면 백 살이다, 여전히 말씀 없으신 어머니를 보고 온 날부터 시도 때도 없이 눈이 감긴다,

똥개

어린 시절 급해서 길가 옆에 쪼그리고 앉아 똥을 쌀 때가 있었다. 고맙게도 똥 싸기 무섭게 동네 똥개가 내 똥을 먹고 똥구멍까지 핥아주었다.

똥구멍이 헐 정도로 깨끗이 핥아주는 똥개.

똥개처럼 싸돌아다니던 시절 좀 더 똥구멍을 잘 닦았더라면 물렁물렁한 삶이 되었을까?

70년대 춘천 서부시장에는 똥갈보가 많았다.

금하라고 한다

대학 시절 습작시를 가지고 이승훈 선생님 연구실에 가면 선생님은 항상 손수 커피를 타 주셨다. 그때부터 나는 커피 중독자가 되었다.

이십 년 지나 중앙문화센터에서 선생님을 다시 뵈니 선생님은 커피 대신 녹차를 드셨다. 끝내 건강이 나빠져 두문불출하시기 전까지 "때가 되면 그냥 죽으면 돼" 하시면서 맥주와 담배를 끊지 못하셨다.

위내시경 후 건강검진 담당 의사가 나보고 술 담배 커피를 금하라고 한다. 내가 가장 좋아하는 술 담배 커피를 금하라고 한다. 사는 재미가 술 담배 커피인데 금하라고 한다.

아직도 나는 술 담배 커피를 즐기고 때가 되면 어김없이 철새들은 날아간다. 흐린 봄날에는 황사 바람이 불어 하늘과 땅의 경계를 허문다.

오래된 골목

처음 그 골목을 찾았을 때는 떠밀려 들어갔다,

골목 앞에서 주춤대다가 골목 어귀에서 누가 볼세라 얼른 오줌을 싸고 나왔다, 다들 그랬다, 골목 어귀 담벼락은 지린내가 진동했고 가위가 그려져 있었다, 골목 깊숙이 들어가면 막다른 골목이었다,

고등학교 다닐 때 우리 집에 미스 홍으로 불리는 양갈보가 세 들어 살았다, 미스 홍의 상대는 잘생긴 미군 장교였다, 그는 미스 홍이 만들어주는 오이와 도라지 무친 것을 안주로 막걸리를 즐겨 마셨다, 반면 일환이 엄마라는 양갈보의 상대는 덩치 큰 흑인 병사였는데 툭하면 술에 취해 일환이 엄마를 괴롭혔다, 춘천 Camp Page 앞 신도극장 옆 골목 중간쯤에 우리 집이 있고, 그 오래된

골목은 오른쪽으로 약간 휘어져 있어 왼쪽으로 돌려놔도 오른쪽으로 휜다,

모래

바다 밑바닥 뼛속까지 모래가 산다, 홍합 백합 맛조개 피조개 새조개 이런저런 조개들이 꿀렁꿀렁 모래를 먹고 산다,

검은 조개 분홍 조개 흑진주 백진주……

국자를 들고 웃고 있는 여자 허리를 숙이고 식단을 차리는 여자 만삭의 배를 만지며 힘겹게 누워있는 여자 레깅스를 입고 산을 오르는 여자,

교문 앞 하교하는 아이들이 요란하다, 학원 버스가 대기 중이다, 아이를 데리러 온 엄마들의 차들이 길게 늘어서 있다,

바다 밑바닥 뼛속까지 모래가 산다, 문어도 살고 오징어도 살고 이런저런 물고기들이 섞여 모래를 파먹고 산다,

중생

그땐 앞인 줄 알았다, 앞인 줄 알고 조금 보이면 그게 좋아서 그게 다인 줄 알고 앞만 파다가 끝난다,

지나가는지 머무는지 모르면서 앞인 줄 알고 깊은 숲으로 들어가면 들어갈수록 웅얼거리는 소리가 들리는 곳, 진작 그곳이 밑인 줄 알았다면 더 깊이 더 끝으로 들어가 볼 수 있었는데,

앞이건 밑이건 바람 불면 날아갈까 불안한 꼬리 내린 개,

성욕 식욕 수면욕 그 빌어먹을 것들이 참기 힘든 욕이라고 하는데 수면욕이 식욕을 누르고 수면욕을 성욕이 잡아먹는 것 같은데 '과연 그럴까?' 의심하면서 그냥 그러려니 하면서 살고 있는데 목적지도 없이 도착지도 없이 끝난다,

돌아간다

이승훈 선생님이 돌아가셨다,

세브란스병원 장례식장 특2호실, 김포 운양동에서 서울역으로 가는 M버스를 타야 하는데 강남 가는 M버스를 탄다, 강남고속버스터미널에서 내려 지하철 9호선으로 갈아탄다, 당산역에서 내려 2호선으로 갈아타려는데 사당 방향으로 들어섰다가 시청 방향으로 돌아선다, 신촌에서 병원 셔틀버스를 탄다, 셔틀버스는 직진하지 않고 돌아간다, 멀리 돌아왔다,

'언제 미칠지 모른다는 불안 속에서 시를 썼지만 이제 시는 시를 모르고 나는 나를 모른다'라고 늘 불안을 안고 사셨다,

아내는 선생님 앞에서 울지 말라고 당부했는데 눈시울이 붉어진다,

오랜만에 만난 친구 박찬일은 백내장 수술을 하고 몸무게가 15kg 빠졌다고 좋아하는 막걸리도 못 마신다고,

경춘공원묘원이 장지인 줄 알고 들어섰는데 아니란다, 춘천공원묘원이란다, 아, 이제 시도 그만 돌아가야 하는가,

몸

압력밥솥에서 김이 샌다, 밥이 설익는다, 서비스센터에 수리를 문의한다, 고무벨트가 헐거워져서 그렇다고 한다, 1년에 한 번 정도는 갈아주어야 한다고, 간단히 고무벨트를 갈고 밥을 하니 다시 압력밥솥이다,

꽤 큰 호수에 도끼가 빠졌다, 버리고 가려는데 '펑' 도사가 나타난다, "이 금도끼가 네 도끼냐?" "네." "이 은도끼가 네 도끼냐?" "네." "이 쇠도끼가 네 도끼냐?" "네," "너는 도끼 하나 빠뜨렸는데 왜 모두 네 도끼라고 하느냐?" "날 카롭고 제일 단단한 쇠도끼가 저의 도끼지만 금도끼도 은도끼도 갖고 싶습니다." "그러냐? 그럼, 다 가져가거라."

무너지는 몸이 있고 눈물 흘리는 몸이 있고 울적한 날 비 맞으며 걷는 빈 몸이 있다,

벌레

희미한 불빛 아래 온몸이 주름이다
벽은 깨끗하고 하얗다

벽에 알 수 없는 그림을 그린다
선명하지도 흐릿하지도 않은 그림

흐물흐물 녹아내리는 침대가 있다
구석에는 구겨진 걸레가 있다

깨질 것 같은 하늘에는
조각난 어머니 얼굴이 있다,

경주

토함산을 오른다, 날이 어두워질 때까지 석굴암 깊은 곳 가운데 가부좌한 석불을 눈으로 만진다, 석굴암 주위 나뭇가지가 무성무성 흔들리고 마른 나뭇잎이 떨어진다, 번개와 함께 천둥소리가 요란하다, 높이 날던 새들이 숲으로 스며든다,

작년에는 아내와 같이 골굴사를 둘러보았다, 뼈가 삭은 것 같은 바위가 주위를 감싸고 있는 절이다, 그리고 경주 남산 금오봉을 올라갔다 내려온 후 아내는 몸살을 앓았다,

초등학생 때 수학여행지는 경주였다, 일출을 본다고 새벽에 석굴암까지 걸어서 올라갔던 기억이 난다, 중학생 때도 경주였고 고등학생 때도 경주였다, 교직에 있을 때 6학년 담임을 하면서 열 번은 족히 석굴암 석불을 보았다.

건성건성 불국사를 둘러보고 경주 국립박물관에서 목 없는 석불을 쓰다듬는다, 어스름 저녁 무렵 대릉원 떡갈비집에서 경주 교동법주를 마신다,

눈이 오더라

중1 때 여자 담임선생님께서 앞만 보고 달리라고 해서 앞이 진짜인 줄 알고 성인이 되어서도 앞만 보고 열심히 달리게 되더라,

삼십 년 동안 쉬지 않고 달렸는데 진짜가 아닌 것 같다는 생각이 들더라, 고개 숙이고 숨을 고르며 밑을 보았더니 밑에서 밑이 크게 입 벌리고 웃고 있더라, 그 후로 가끔 옆도 보고 뒤도 돌아보며 걸었는데 옆은 옆에서 뒤는 뒤에서 낄낄낄 웃으며 쫓아오더라,

지금은 그냥 나를 보고 걷는 것이 일상인데 즐겁지도 않고 괴롭지도 않아 멈추려고 하니 눈이 오더라,

동굴은

어둡고 끝이 보이지 않는다,

세상이 도니까 같이 돌지 않으면 돌아버릴 것 같아 같이 돌아야 한다면서 아티반을 먹고 술을 마시며 버티는 것인지 살아가는 건지 모르게 지내는 공지천에서는 항상 시궁창 냄새가 났다,

기억의 끝은 끝내 만져볼 수 없지만 매일 매일 새를 만나고 날려 보내던 날들이 생각난다,

깊이 들어가 보지도 못하고 서성거리다가 돌아 나오기를 반복하는 날들은 갔다, 그냥 지나친 적도 있고 지나친 동굴을 다시 돌아와 들어간 적도 있지만 끝내 동굴은 속내를 드러내지 않는 날들은 갔다,

달맞이꽃

어느 여름날

달맞이꽃에 취해 주위를 서성거리다가 방에 들어오니 보름달이 웃고 있었다. 그 보름달만 쳐다보며 허우적거리던 여름은 빠르게 지나갔다.

무시한다고 사라지는 것도 아니어서 '내 속엔 내가 너무도 많아' 절규하듯 노래하는 자우림의 하얀 얼굴이 유난히 붉은 입술이 떠오르는 밤에 한숨처럼 비가 내려 젖는 방은 빈방이다.

날아간 새와 날아가지 않은 새가 만나는 겨울이 오고 바람 부는데 아이들은 춤추듯 달맞이꽃처럼 쑥쑥 자란다.

생각없이

걷는다, 찬 바람 불 때 흐르는 눈물을 닦으려고 안경을 벗었다 썼다 할 때마다 다르게 보이는 것들, 마주치는 사람들과 지나치는 사람들,

방울토마토는 붉은색이다, 아내가 본 붉은색과 내가 본 붉은색은 같은 붉은색이 아니겠지만 방울토마토는 붉은색이다,

한강 하구의 철조망 뒤로 밀물이 강을 거슬러 올라 물에 잠기는 섬이 있다, 섬 위로 날아다니는 기러기들이 보인다, 작은 배가 여의도 방향으로 움직이고 있다, 이어폰으로 음악을 들으며 공원을 한 시간 걸으면 칠천 걸음이다,

아침은 항상 샐러드, 방울토마토가 맛있다고 아내에게 한마디 하면서 먹는다, 조간신문의 글씨가 흐릿하게 보여 안경렌즈를 갈아야겠다고 중얼거리며 먹는다,

관악산

계곡물이 그치지 않고 흐르는 산이 있다, 폭포 밑 커다란 소가 넘쳐흐르는 산이 있다, 능선을 타고 오를 때까지 투명한 물소리가 들린다,

메마른 계곡의 산이 있다, 비가 올 때나 조금 물이 보일 뿐 돌들만 굴러다닌다, 능선을 타고 오를 때까지 바람 소리만 버석버석 들린다,

서울대 쪽에서 관악산을 오를 때 물 좋은 계곡을 지나면 깔딱고개가 나오는데 깔딱깔딱 오르면 연주대 지나 정상석의 바위가 땀을 흘린다, 하늘 아래 바위산은 무방비로 햇빛을 받고 있다,

지유

그림을 그리던 지유가 자기가 그린 그림을 보면서 나보고 자기가 말하는 대로 그려보라고 한다, 왼쪽에 둥근 항아리가 있는데 그 속에 거미 두 마리가 있다고 한다, 그 오른쪽 옆에 삼각형 지붕이 있는데 굴뚝에서 연기가 나온다고 한다, 이렇게 해야지 저렇게 해야지 일자로 그려야 해 하면서 내가 그리는 그림을 보고 답답해한다, 별이 여섯 개 있고 반지처럼 생긴 달이 있다고 한다, 당근 닮은 대나무 세 개가 있다고 하는데, 아이의 말을 헤아릴 수 없는 나의 그림은 10점 만점에 5점, 탈락이란다,

지유는 아홉 살 첫째 외손녀이다,

지민

블록 놀이를 하던 지민이가 갑자기 눈 동그랗게 뜨고 "내가 백 명이면 좋겠어." 하길래 "왜?" 하고 물었더니,

"한 명은 엄마하고 놀고, 한 명은 유치원 가고, 한 명은 언니 괴롭히고, 한 명은 할머니하고 놀고, 한 명은 동화책 읽고, 한 명은 맛있는 것 먹고, 한 명은 똥 싸러 가고 ……" 줄줄이 늘어놓는데, 난 먹고 싸고 자고 그 외 할 일이 별로 없는데 작은 아이가 참 할 것도 많다, 그리고 끝에 가서는 다 같이 놀면 좋다고 한다,

지민이는 일곱 살 둘째 외손녀이다,

고백

처음에는 태어나고 자란 아랫동네에서 놀았어, 재래시장은 적당히 숨기 좋았고 아늑했지, 깊숙이 들어갈 때마다 꿈틀대며 붉게 빛나는 골목길, 불안할 때마다 끈끈한 몸으로 스며들었어, 옆 골목 옆 골목으로 옮겨 다니며 놀았는데 비교적 쓸쓸했어,

아랫동네 골목이 익숙해질 즈음 윗동네 골목을 알았어, 그 골목은 아랫동네보다 입구가 넓어 드나들기 쉬웠지, 뱀의 혀끝처럼 움직이는 골목길, 안으로 들어갈수록 포만감을 느낄 수 있었지만 나올 때는 허전하고 외로웠어,

골목은 먼지를 불러들이고,

뒷골목은 윗동네 골목과 연결되어 있어, 좁고 길게 이어진 뒷골목은 두려워서 드나들 수 없었어, 입구 근처에서 서성거리며 기웃기웃 갸웃갸웃, 끝이 어딘지 끝나는 곳은 있는지 언젠가 한 번 쑥 들어가 보고 싶은 뒷골목이지만 마음대로 되지 않았어, 아리아리 스리스리 비가 와, 무덤같이 달같이 겉으로 돌고 돌고 돌고 되는대로 어울리기 힘들었어,

시

분홍 꽃잔디가 느낀다, 꽃잔디를 보면서 붉은 혀를 날름거리며 느낀다,

금 간 달항아리가 느낀다, 엄마와 딸이 달항아리 옆에서 핫도그를 먹으며 느낀다,

비둘기낭폭포가 느낀다, 폭포 밑 고인 물 위에 몸 담근 나뭇가지가 느낀다,

하늘다리가 느낀다, 유리 바닥 밑 협곡이 느낀다, 한탄강 물이 출렁출렁 느낀다,

거침없이 먹으면서 목구멍으로 느끼고 항문으로 느끼며 하루하루 살면서 느낀다,

어제는 가고 내일은 멀고 나는 잡았다고 느끼는데 느낌일 뿐 잡히지 않는 당신, 보이는 듯 보이지 않고 들리는 듯 들리지 않는 당신,

근린공원

찬 바람이 분다, 눈꺼풀이 떨리고 입술이 벌어진다, 몸이 뒤틀린다, 잡풀 속에 웅크린 고양이의 푸른 눈빛이 흔들린다,

딱딱하게 굳은 나뭇가지 끝에 까치가 앉아 있다, 강을 내려다보며 딱딱한 눈처럼 운다, 마른 갈대숲에도 군데군데 눈이 덮여있다, 딱딱한 강둑길로 강물 따라 바람이 분다,

눈비가 올지도 모른다,

연을 날리려고 뛰어다니는 아이를 물끄러미 바라보는 할머니 손사래 치는 엄마, 까치가 보이지 않고 겨울 안개가 바람 따라 움직인다,

개미

불러도 불러도 쓸쓸한 개미, 아주 작은 불개미 개미개미들이 말라버린 지렁이 주위에 떼로 몰려들어 뜯어 물고 나르는 건지 긴 줄이 생긴다,

다음 날 새벽 산책길에서 개미들의 주검을 본다, 하룻밤 사이에 무슨 일이 벌어진 걸까? 불개미 개미개미들의 비릿한 주검이 수북하다,

강 하구가 뿌옇게 부풀어 오른다, 해가 지기 시작한다, 새털구름 사이로 넓게 퍼지는 노을 소리, 불개미 개미개미들이 보이지 않는다,

노래방 기계는 모른다, 미세한 목 떨림을 모르고 남다른 음색을 모른다, 쓸쓸한 불개미 개미개미들의 죽음을 모른다,

봄

우산을 같이 쓰고 걸어가면서 작은아이가 할머니에게 말은 건넨다,
"할머니, 어제도 비가 오고 오늘도 비가 오네"
"비가 오니까 싫어?"
"응, 놀이터 못가잖아. 그런데 비가 오면 나무들은 좋아하지?"
"그럼, 좋아하지."
"달팽이도 좋아하나?"
"그럼"
"오늘은 달팽이들이 산책하기 좋겠다."
한 겹 한 겹 부드럽게 제비꽃이 웃고 있는 봄이다,

치고 오르다 보면

꿈

내가 있는 곳이 어느 대학 실험실이야, 늑대처럼 생긴 괴물 두 마리와 생김새가 생각나지 않는 괴물 하나가 번개처럼 들어와 둥그런 무언가를 삼키더니 순식간에 사라져, (별안간 떠오른 2^n+1) 고양이를 잡으려는 괴물의 날카로운 발끝에 잡힐 듯 잡힐 듯 잡히지 않고 사라지는 고양이, $2^{27}+1$의 세계가 보여, 이집트의 피라미드 건설 현장이 보여, $2^{30}+1$의 세계에서 온 인간이 피라미드 건설을 지휘해, 내가 있는 곳은 $2^{28}+1$의 세계, 고양이를 쫓는 괴물 세 마리, 우산을 찾아 펼치니 꼭 머리만 가릴 수 있는 크기, 알코올램프 위에서 비커에 담긴 푸른 액체가 끓어 넘치고 있어,

2^n+1의 시공간은 꿈의 시공간이야,

반려통증

열 시쯤 잠자리에 들면 희미하고 들큼한 통증으로 열두 시쯤 깨어난다. 그리고 두 시간마다 어김없이 깨고 깰 때마다 담배를 피우고 다시 잔다. 어딘지 모를 몸속 깊은 곳으로부터 밀고 올라오는 통증, 시계를 보지 말고 그냥 다시 자라고는 하는데 그게 잘 안된다.

꿈을 꾸다 깨어나는 것인지 감각과민증으로 깨어나는 것인지 모르겠는 혼란스러운 내 알몸, 약간의 미열을 동반한 통증은 고양이도 졸고 있는 새벽에도 계속된다.

이팝나무

홀린 듯
피는 꽃의
하얀 속살이 흔들린다

넘실대는 물결 속
달이 흔들린다

마당 가득 고요한 찻집에서 커피를 마시며 보이던 가을밤의 달무리가 내 몸속으로 밀고 들어오는 바다가 생각나고 그때 보이는 아이는 누굴 닮았는지 모르겠고 꿈을 꾸는 나는 나도 모르게 꿈속의 나를 나로 착각하고 도무지 무슨 생각으로 꿈을 꾸는지 모르겠고,

달을 따라 몸을 뒤척이는 꽃
가슴 속 작은 돌 하나
들어내기 힘든 몸부림,

안전 안내 문자

사오십 때는 문자의 절반 이상이 동창의 부모님 부고였는데,

〔김포시청〕 2020.12.30.~2021.1.2. 09:30 ~ 14:00 시간대 구래동 한강스파 24시 사우나 방문하신 분은 선별진료소에서 코로나 검사 받으시기 바랍니다.
〔인천서구청〕 서구 587~589번째 확진 환자 3명 발생. 거주지 및 주변 지역 방역 예정. 역학조사 중.
〔김포시청〕 금일 21시 한파경보 발효. 노약자는 야외활동을 자제하여 주시고 온열기 화재방자 및 수도계량기, 수도관 동파 대비하여 보온 조치 바랍니다.
〔중대본〕 나와 내 가족을 위해 실내 및 실외(거리두기가 어려운 경우)에서 항상 마스크 착용, 마스크를 벗고 타인을 대하는 식사·음주·흡연 등은 가급적 피해 주세요

이동할 때는 이동 지역 지자체에서 비슷한 문자가 계속 온다, 코로나19의 환난 중에 보는 불안 문자가 촘촘하게 그물을 친다,

똥파리

어린 시절 우리 집에 화장실이 없어서 시장 끝에 있는 공중변소를 이용했다,

공중변소에는 구더기가 발밑까지 올라오고 똥파리들이 날아다닌다, 소독약을 독하게 뿌린 날에도 똥파리들은 죽지 않고 알을 낳는다, 몸에 밴 화장실의 지독한 냄새는 한동안 지워지지 않아 그대로 하루를 보낸다,

똥파리들은 지금도 똥오줌 가리지 않고 날아다닌다,

김포한강야생조류생태공원

서른일곱 계단을 내려가면 공원 아랫길이 나온다, 조금 걸으면 괜찮아지지만 첫 계단부터 무릎이 조금 시큰거린다, 동쪽 하늘 주위로 새벽노을이 피어오른다, 푸르스름한 하늘에 뜬 초승달이 희미하다, 약간 경사진 언덕을 발걸음 숫자를 세면서 빠르게 걷는다, 곧 백이 넘어가 세기를 포기한다, 그렇게 숫자를 세다가 포기하다가 하면서 걷는다, 마른 잔디에 내린 서리가 가로등 불빛을 받아 반짝거린다, 갈대들이 스륵스륵 흔들린다, 서해 방향으로 기러기들이 줄지어 날아간다, 가로등이 꺼지고 초승달이 보이지 않는다, 공원 윗길로 올라온다, 몽환적으로 보이는 안개가 수로 위에 낮게 깔린다,

닭

한 마리를 배달시킨다,

시장통에 살던 어린 시절에는 닭집에서 매일 닭목을 따는 주인아저씨가 무서웠다, 닭의 숨통을 날카로운 칼로 단번에 찔러 드럼통에 던져 넣는다, 푸드덕대는 닭들이 잠잠해지면 한 마리씩 끓는 물에 넣었다가 꺼내어 털을 뽑는다, 김이 모락모락 나는 벌거벗은 닭들이 가지런히 가판대에 놓인다, 발목이 잘린 닭 다리에 돋은 닭살이라니, 어쩌다 닭 한 마리를 사 오면 닭 다리와 기름진 엉덩이 살은 아버지 술안주가 되고, 나와 동생은 뼈를 우린 국물에 가슴살을 찢어 넣어 밥 말아 먹는다,

미끈한 닭 다리를 씹으며 '처음처럼'을 아버지처럼 마신다,

감악산

처음부터 치고 올라가는 산길이 있다,

악산의 품은 거칠지, 계곡으로 미끄러지다가 산등성이로 올라타다가 깔딱고개 넘으면 '다 왔네' 하지만 조금 더 조금 더 비탈진 돌길을 올라야지, 헐떡거리며 정상인가 하면 아니고 정상인가 하면 아니고를 몇 번 하고 가까스로 정상에 오르면 땀을 말리는 바람뿐이지,

치고 오르다 보면 눈앞의 숲은 보이지 않는다,

갈라진 목소리

쓸쓸히
지난 일을 떠올리면,

왜 그렇게 슬픈 일들만 있었는지, 왜 그렇게 앞날이 두렵고 불안했는지, 흑백으로만 보이는 세상이 싫어 그저 술을 마시면서 갈라진 목소리를 들었지,

강화 갯벌에서 조개껍질을 주우면서 돌에 그림을 그리면서 무슨 생각을 했는지, 사인펜에 물을 묻혀 수채화처럼 그림을 그리는 것을 보면서

시도
생활도
집중 못하면서
수평선 끝에 걸려있는 밤배를 본다,

노래

겨울의 흐린 날 재즈를 듣는다,

세상엔 수많은 노래가 있어, 하고 싶은 말에 리듬을 실은 랩이 있고 지배층에 저항하는 음악의 상징인 레게가 있고 고음과 거친 샤우팅을 하는 록이 있고 나른한 느낌에 가성을 많이 섞어 부르는 리듬앤블루스가 있고 주로 사랑을 담은 발라드가 있고 느리고 우울한 블루스가 있고 그리고 또……,

우리나라에는 판소리가 있고 트로트가 있는데 나는 지금 자유로운 리듬과 즉흥적인 연주를 듣는다,

소리 없는

새털이다가
먹물이다가
뭉개지기도 하고 사라지기도 한다

외로운 것이 더 외로워서 불안한 건지
불안한 것이 더 불안해서 외로운 건지

뭉크의 「절규」를 보는데 하늘이 두렵고 붉은 노을이 두렵고 지는 꽃이 두렵다, 파도가 무섭게 들이치는 바닷가 백사장에 누워 있는 여자가 두렵다, 모두가 무너진 두려운 세상에서 소리 없는 소리는 황사 바람을 따라다니며 움직인다,

개미가 줄지어 달아나고
기러기가 줄지어 달아난다,

그냥

하늘이 일렁이고
숲이 젖는다

오래된 돌탑이 젖는다
코가 뭉그러진 돌부처가 젖는다

산사의 밤 명자꽃이 젖고
나도 붉게 젖고

비도 젖는데
라면 한 개 끓여 먹어야겠다,

여름밤

보옴날은 가아고 개구리 요오란스으럽게 우우우는, 삐이걱 삐이이걱 바암새도오록 비가 오오는, 스을금스을금 바람마저 자아자드는, 어어둠 소오옥으로 스으며드는 새가 구우음금한, 머어얼리서 드을리는 아기 우우름 소오리, 재에미 없는 드라마를 보오는, 열대야로 자아암 서얼치는, 주우근 친구가 새에앵각나아는, 비이몽사아몽간에 나아알이 바아가오오는,

요리

장어를 사랑하는 여자가 앞마당에서 요리한다, 닭을 사랑하는 남자가 뒷마당에서 요리한다, 침을 흘리게 하는 맛, 앞마당이 흔들리고 뒷마당이 흔들린다,

용암동굴이 있고 석회동굴이 있고 해저동굴이 있고 간혹 인공동굴도 있다, 그늘진 계곡물이 소를 이루고 자갈을 궁굴린다, 돌단풍이 흔들리고 돌이끼가 검푸르다, 까마귀 울음소리가 요란하다, 까마귀 울음소리가 계곡물 소리고 계곡물 소리가 여자 웃음소리고, 그날 그날이 그날의 요리임,

오늘의 요리는 계속되고 흔적은 흔적 위의 삶에 흔적으로 계속된다,

싸하다

국회의사당 지붕은 우중충하게 푸른데 TV에서 효리가 보이면 기분이 좋아진다, 졸리가 나오는 영화를 보면 재미있다,

앞 동 14층 할머니는 부지런히 집 안의 먼지를 털어내는 게 일이다, 수시로 베란다 창문을 열고 홑이불을 털고 쿠션을 두들기고 발판도 흔들어댄다, 옷을 털고 널고 한참 하늘을 쳐다보는 것이 일이다,

싸하다, 입이 싸하고 가슴이 싸하고 다리도 싸하다, 매일 매일 드나들던 분식집 떡볶이도 싸하다,

싼 게 비지떡이라는데 싼 것도 싸기 나름, 잘 살펴보면 운 좋게 꿀떡을 고를 때도 있다,

주검

무슨 병이 들었을까, 몇 년 전 일본의 어느 온천 관광지에서 실레의 그림처럼 살은 거의 없고 앙상한 뼈만 남은 핏기 없는 여자를 본 적이 있다, 죽음을 이야기하고 비벼 먹으며 사는 여자 같았다,

올해 나오시마에서 쿠사마 야요이의 빨간 호박 앞에서 기념사진을 찍는 여자가 그랬다, 온천 관광지에서 본 여자가 바로 그 여자인지는 모르겠는데 눈물 글썽이며 생의 마지막을 즐기는 모습 같았다,

비 온 후 햇볕 뜨거운 날 지렁이는 길가로 나와 몸을 말리려다 말라 죽는다, 아기는 울고 그렇게 살아있는 것들은 모두 살다가 살다가 죽어 어디로 가는지 모른다,

당신은

산에 올라 구름을 내려다본다, 구름이 이리저리 흩어지고 뭉치면서 형상을 만드는데 태아 같기도 하고 해골 같기도 하다,

이명이 들려오고 파도가 몰려온다, 산을 움직이는 소리의 물결은 끊어질 듯 끊어질 듯 이어지고 폭풍우처럼 휘몰아친다, 억장이 무너지고 팔다리가 풀리는 소리, 들으려고 해서 들리는 게 아니라 들으려고 하지 않아도 들리는 소리,

산봉우리 너머 너머 너머 그 밑바닥으로부터 꿈틀꿈틀 올라오는 피울음 소리, 당신은 깊숙한 그곳에서 소리를 한다, 새벽의 붉은 노을 이끌고 하늘을 열고 땅을 울린다,

몰라요 몰라

'처음처럼'을 마신다, 한 병을 마시고 조금 더 마시면 아득해진다, 아득해지는 처음이다, 비 오는 저녁에 '처음처럼'을 마시면 어둠이 아득해지고 비에 젖는 땅이 아득해지고 하늘도 아득해진다, 눈을 뜨고 있으나 감고 있으나 나도 아득해지고 처음이 끝이 되고 끝이 처음이 되는 아득이다, 무슨 일이든 내버려두면 내리는 비는 계속 내려서 아득하고 아득이 아득아득아득하다,

멋대로 돌아간다

사흘째 공원은 제초 작업 중이다, 드르륵 드르륵 제초기 돌아가는 소리에 맞추어 풀들은 속절없이 잘린다, 그랜드 캐니언의 풀들은 잘 자라는지 모르겠다,

개미도 지렁이도 보이지 않는 무더위, 오늘 이발을 하려고 했는데 며칠 미루어야겠다, 그런데 그 많던 까치는 다 어디로 날아갔나,

청소기를 돌린다, 눈에 보이는 먼지들이 머리카락들이 순식간에 빨려 들어간다, 작년보다 머리카락이 더 많이 빠지는 것 같다,

6월 3일은 제21대 대통령 선거를 하는 날이고 지구는 자전과 공전을 쉬지 않고 하면서 공원에는 풀 비린내가 진동하고 잘린 풀잎들은 빠르게 마른다,

좋아 좋아

연보라 꽃잔디를 보면 산당화가 생각난다, 뜨거운 여름밤의 달맞이꽃도 생각난다,

아무리 찾아도 보이지 않는 너를 끈으로 묶으려고 한다, 팽팽하고 끈끈하게 닭 모가지를 비틀 듯 묶으려고 한다,

가끔 꿈에 보이는 뭉그러진 몸, 흐트러진 머리카락, 일그러진 입, 희미한 눈, 하체가 보이지 않는 나,

운악산 남근석은 남근이 아니고 코끼리바위는 코끼리가 아니다, 남근도 아니고 코끼리도 아닌 구름이 좋아 좋아 산을 넘는다,

반려자

공원에는 개 같은 사람과 사람 같은 개가 가득하다, 사람이 개를 보고 자기가 엄마라고 한다, 그때 개는 사람이 되고 사람은 개가 된다, 개는 개의 눈으로 엄마라는 사람을 보면서 '개같다'라고 생각할지 모른다, 개 같은 사람과 사람 같은 개가 걸어간다,

개와 결혼한 여자, 영국의 아만다 로저스(47세)가 200명의 친지와 친구들이 보는 앞에서 자신의 반려견 시바Sheba와 성대한 결혼식을 올렸다, 개와 결혼한 남자, 호주의 조셉 기소(20세)는 애완견 허니Honey와 정식으로 결혼식을 올렸다, 하물며 고양이와 결혼한 여자도 있고 개구리를 신랑으로 맞이한 소녀도 있고 비단뱀과 결혼식을 올린 남자도 있다,

성경 말씀을 무시하면 반려동물이 반려자가 될 수도 있다는 말씀, 앞서거니 뒤서거니 목줄을 한 개 같은 사람과 목줄을 한 사람 같은 개가 걸어간다,

남는 者를 위하여

나뭇가지 사이에 걸쳐있는 거미줄

거미줄에 걸린 목숨이 흔들흔들

종일 바라본 하늘에서

지난 얼굴들이 쏟아져 내린다,

남는 者를 위하여
—보스니아

뜬눈으로 날을 밝히고 겨울의 골방을 떠나는 너의 뒷모습을 보지 못했습니다,

발칸에 가면 돌 돌 돌 돌들의 산을 만납니다, 보스니아, 보스니아, 떠난 네가 있어 우는 것이 아니고 떠난 네가 오지 않는 것을 알아 우는 것입니다, 보스니아 보스니아, 그렇게 먼 곳에서 12월의 흰장미를 보았을 때 서늘한 바람이 돌산을 건너고 있었습니다,

목구멍으로 목구멍으로 그리움이 밀려드는 날이 있습니다, 켁켁거리며 침을 삼키지 못하는 날이 있습니다, 이랬거나 저랬거나 또 하루가 저물고 있습니다, 짙은 안개비 내리는 겨울밤 뱃속의 모든 오물 쏟아내어도 보스니아 보스니아는 너무 멀리 있습니다,

고개를 숙이고 침대 모서리 끝에 앉아 있던 내가 자리를 비웠습니다, 그 자리에 구겨진 베개가 앉아 있습니다,

껌을 씹는다

긴 머리카락 흩날리며 말을 타는 여자가 푸른 초원을 달립니다, 말랑말랑 꿀렁꿀렁, 뒤따르는 사내는 서두르지 않습니다, 하늘은 푸르고 구름 조금 몽골의 여름은 서두르지 않습니다,

할머니가 손녀를 기다립니다, 곧 유아원 하원 버스가 도착합니다, 할머니 품에 안기는 손녀, 할머니는 손녀의 손을 꼭 잡고 천천히 집으로 걸어갑니다,

갑자기 폭설이 내린 영동고속도로에 차들이 길게 늘어서 있습니다, 내 차는 곡선 구간에서 미끄러지면서 멈추지 못하고 앞에 있는 차를 받았습니다, 3중 4중 추돌 사고가 곳곳에서 일어났습니다, 사고 처리하는 경찰이 서로 연락처를 주고받고 시동이 걸리면 가라고 합니다, 껌을 씹으면서 눈길을 아주 천천히 운전하여 무사히 집에 도착합니다,

풀숲 밖을 엿본다

가다보면 나온다

푸른방,

이른 새벽 오르는 산은 안개로 젖어있다, 젖은 돌계단이 있고 나무계단이 있고 부서진 철제계단도 있다, 돌길이 이어지다가 흙길이 이어지기도 한다, 오르기만 하는 것도 아니고 내려갔다가 다시 오르는 길도 있고 평탄하게 이어지는 길도 있다, 등산로 옆에는 이름을 알 수 없는 풀꽃들이 흔들린다, 키 큰 나뭇잎도 흔들리고 작은 나뭇잎도 흔들린다, 뿌리를 드러내고 누워있는 나무도 있고 뿌리가 계단이 된 나무도 있다, 커다란 바위가 있고 그 바위에 뿌리를 내린 나무도 있다, 계곡물 소리가 흔들리고 새소리가 흔들린다,

푸른방에 가득한 산
산이 머물면 나도 머문다,

가시나무

창문을 열고 빗소리를 듣는다,

> 내 속엔 내가 너무도 많아/ 당신의 쉴 곳 없네/ 내 속엔 헛된 바램들로/ 당신의 편할 곳 없네// 내 속엔 내가 어쩔 수 없는 어둠/ 당신의 쉴 자리 뺏고/ 내 속엔 내가 이길 수 없는 슬픔/ 무성한 가시나무 숲 같네// 바람만 불면 그 메마른 가지/ 서로 부대끼며 울어대고/ 쉴 곳을 찾아 지쳐 날아온/ 어린 새들도 가시에 찔려 날아가고/ 바람만 불면 외롭고 또 괴로워/ 슬픈 노래를 부르던 날이 많았는데// 내 속엔 내가 너무도 많아서/ 당신의 쉴 곳 없네
>
> ─하덕규 「가시나무」

낡은 자전거를 탄 남자가 비를 맞으며 지나간다, 아이와 엄마가 우산을 같이 쓰고 걸어간다,

가시나무새가 가시나무로 날아든다, 바닥에 떨어진 낙엽이 젖는다, 가시나무가 젖는다,

오르고 내리고

산을 오를 때면 숨찬 고비가 있다, 고비를 넘으면 또 고비가 있다, 늘 그런 식으로 산은 산을 거느리고 있다,

밑으로 밑으로 구멍을 뚫어보면 끝이 보일 것 같은데 끝이 보이지 않는다, 끝이 없는 줄 모르고 끝이 있다고 어릴 때부터 늘 그런 식으로 생각한다,

가창오리들이 떼를 지어 날아오른다, 붉은 여명, 곧 해가 뜨고 한강 건너 자유로에는 출근하는 차량이 줄을 이을 것이다,

기암괴석을 거느리고 폭포를 품은 산이 있다, 연중 물이 차다, 오르고 내리고 오르고 내리고 욕망의 산은 사라진다,

무탈

계단을 내려가도 계단 계단을 올라가도 계단 벽을 뚫어도 벽 벽을 넘어도 벽 몸을 허물어도 벽,

깊은 안개 속에서는 밖을 볼 수 없고 깊은 안개 밖에서는 안개 속을 볼 수 없는 일,

새들이 날아간 허공에는 바람이 살고 새벽하늘에는 샛별과 초승달,

한강 물이 여의도까지 거슬러 오르는 새벽 아무런 일도 일어나지 않는 날이면 좋은 날,

유기견

뒷발을 절름거리며 공원의 마른 풀숲으로 들어간다, 입에는 무언가 물고 있다, 젖이 늘어져 있고 몸 군데군데 털이 빠져있다, 억새들이 서걱서걱 흔들린다, 눈이 오려는지 하늘이 흐리다,

찬 바람이 불고 그놈이 눈치를 보며 풀숲 밖을 엿본다,

안개

거울에 비친 얼굴이 낯설다, 한잔 마신 듯 불그스레한 얼굴, 거울 뒤편으로부터 진한 안개가 덮인다,

흐리고 희미하고 형체가 없는, 고향 춘천의 안개가 그렇다, 지금 살고 있는 김포의 안개가 그렇다, 새벽의 안개가 바람을 부른다,

뿌옇게 아침 해가 떠오르는 강 동쪽에는 특별한 서울특별시가 있다,

강변길을 걷는다

한강 하구에는 가창오리떼가 자맥질하고 있다, 재두루미 한 마리가 날아온다, 하늘에는 보름달이 환하다,

김포공항을 이륙한 비행기가 서쪽을 향해 수시로 날아간다, 건너편 아파트에 하나 둘 불이 켜진다, 가로등 불빛이 하얗다,

하늘이 무거운지 어깨가 아프다, 가는 나뭇가지에 맺힌 물방울들이 빛난다, 자유로를 달리는 자동차 불빛이 보인다, 이어폰으로 「Piano Man」(Billy Joel)을 들으며 걷는다, 산수유 꽃봉오리가 터지려고 한다, 사는 것이 걷기도 하고 뛰기도 하는 것이지만 지금은 걷기만 한다,

지난밤 꿈에는 청춘이었는지 단단했다,

상자

참게가 물 밖으로 나온다, 길고양이가 지나간다, 마스크를 쓴 사람들이 지나간다, 대나무가 흔들린다, 어둠이 걷히고 있다,

코스트코 일산점에는 많은 사람들이 많은 상품들을 대량으로 구매한다, 커다란 고깃덩어리들이 겹겹이 쌓여있다, 잘 손질한 오징어도 있고 장어도 있다,

학교에 가려는 아이들이 엘리베이터에서 나온다, 등교버스가 기다리고 있다, 아이를 따라 나오는 엄마들도 있다, 조금 있으면 웃으면서 유아들이 나올 것이다,

등산

오며 가며 만나는 등산객들이 인사를 나눈다, 운이 좋으면 다람쥐나 청설모를 만나기도 한다, 정상에 오르면 컵라면을 먹기도 하고 김밥을 먹기도 한다, 커피도 한잔 마신다, 정상석이 잘 나오게 사진을 찍는다, 전망이 좋으면 산 아래 모습도 찍는다,

오를 때마다 구석구석 짜릿한 재미를 주는 젊은 산이 있다, 누구나 오를 수 있는 늙은 산이 있고 오르기도 전에 죽을 것 같은 산도 있는데 백지에 낙서하듯 점 점 점 선 선 선이 그려진다,

보기만 하면

바나나를 먹는 입이 동그랗다, 바나나를 빼어도 동그란 입은 동그랗다, 동그란 입에서 단내가 난다,

뼈다귀해장국을 먹으러 간다, 하늘빛초등학교를 지나서 간다, 초등학교 저학년 아이들이 교문 밖으로 쏟아져 나온다, 뼈다귀해장국집에는 뼈다귀에 붙은 살을 발라 먹는 사람들, 아삭아삭 오이고추를 쌈장에 찍어 먹는 사람들로 가득하다,

바나나는 노랑이고 오이고추는 초록이다,

바람 불고

너는 가고 구름은 사라진다.

지금도 자주 가보는 섬 강화도, 달라진 것이 있어도 좋고 없어도 좋다, 동막해변 갯벌의 바다는 멀리 있어도 좋고 가까이 있어도 좋다, 갯벌의 물무늬를 따라 예나 지금이나 갈매기는 발자국을 남긴다,

대암산 옹녀폭포 물줄기를 온몸으로 맞는다, 무더위에도 한기가 돈다, 폭포 아래 강쇠바위는 비스듬히 쓰러진 채 이끼를 덮어쓰고 있다,

토하도록 술을 마신 다음날 눈 덮인 몸이 조각난다,

할 말이 없다

작년에 조성한 공원 대나무숲의 대나무는 거의 다 말라 죽었다, 벚꽃이 지고 연산홍이 붉게 피어나는데도 대나무숲은 푸른 잎을 내놓지 못하고 있다,

봄바람이 지나가고 내가 지나간다,

그대로

라일락 향이 진하다,

한 가지 꺾어와 식탁 위에 놓았더니 식탁에서도 향이 난다, 밥에서 국에서 반찬에서 달고 새큼한 향이 난다, 분분히 흩어지는 보라 향을 따라 떠다니는 여자,

미스 김이 꿈속까지 따라온다,

그래 그래서

허벅지 튼실한 여자가 무릎에 구멍 난 청바지를 입고 앞서 산을 오른다, 진달래 흐드러진 산, 남자가 땀을 흘리며 뒤를 따른다, 여자는 천천히 가는 듯 빠르게 오르고 남자는 숨 가쁘게 오른다,

나는 오르기 조금 쉬울 것 같은 옆길로 가는데 여자는 어느새 보이지 않는다, 골 깊은 산자락에서 바람이 불어온다, 까마귀가 날고 연두 연두 연두 잎들은 햇살을 받아 더욱 연두 연두다,

그래 그래서, 시쓰기는 잠시 숨 고르며 산 오르는 일 뭐 별거 있나? 쯧쯧쯧,

5월

작은 불개미가 보인다, 이팝나무꽃이 하얗게 피기 시작한다, 줄장미도 붉게 피기 시작한다, 커다란 연잎 사이로 연꽃이 봉오리를 내민다, 물결이 일렁인다, 흰 구름 몇 점 떠다닌다,

밤이 깊을수록 개구리 울음소리가 커진다, 커진 울음 끝에 내가 있고 네가 있다, 남도 하늘 아래서 당신도 울고 있다,

어제는

어깨가 약간 올라간 남자 허리가 굽은 여자 팔을 좌우 옆으로 흔드는 여자 머리까지 힘차게 팔을 올리는 남자 엉덩이를 좌우로 흔드는 여자 빨리 뛰는 남자 천천히 뛰는 남자 여자 그리고 당신은 어디로 갔는지 거미줄이 흔들리고 겨울 철새는 보이지 않는다,

매일 매일

밤에 피는 꽃이 있다
한나절만 피는 꽃이 있다
일주일 동안 피는 꽃이 있다
한여름 내내 피는 꽃이 있다
눈밭을 뚫고 나오는 꽃이 있다

뱀이 한다
말이 한다
사마귀도 하고
하루살이도 한다

용문사 은행나무도 은행나무
전등사 은행나무도 은행나무
부처님이 웃으신다,

연인산

연인산을 올라간다, 칼봉산자연휴양림에서 하루 자고 8시경 연인산 제1주차장에 차를 세우고 올라간다, 산 이름은 공모해서 옛날의 길수와 소정의 사랑 이야기를 따라서 지었다고 한다, 소망능선을 타고 정상에 오른다, 해발 1068m, 제법 높은 산이지만 힘들지 않게 오른다,

하산하는데 길을 잘못 들어 소망능선이 아닌 더 긴 장수능선 쪽으로 아내와 힘겹게 내려온다,

내일은 국민이 양분된 가운데 선거가 있는 날, 이놈이나 저놈이나 모두 싫어 기권하기로 한다,

열대야

가는 비가 오다가 밤에는 그친다는 예보다,

주목을 보러 발왕산을 갈까 파도를 보러 정동심곡 바다부채길로 갈까 망설이다가 발왕산은 내일 가기로 하고 정동진으로 향한다, 높은 곳이나 낮은 곳이나 비는 온다,

고등학교 동창 카톡방, 운전 중 카톡, 카톡, 카톡, 한꺼번에 많은 카톡이 울리면 보나 마나 '삼가 고인의 명복을 빕니다'는 문자이다, 대부분 부모나 장인 장모 부음이지만 간혹 동창의 부음도 있다,

두타산 자연휴양림에 도착하니 예보대로 비가 오다가 그치고 별이 보인다, 낮에는 매미 소리가 요란했는데 밤에는 개구리 소리가 요란해 잠이 오질 않는다,

말을 하자면

습작 시절 이런 시를 쓴 적이 있다,

> 바람이 분다/ 강 건너/ 노을빛 안개/ 들국화가 흔들리는 둑에/ 낯선 사내가/ 서서 쓰러지는/ 물을 본다// 어둠은/ 손을 들어/ 떠나고/ 멀리 멀리/ 아 끝없는/ 눈물이 떨어져/ 날을 밝힌다.
> ―「남는者를 위하여」

공지천 이디오피아 찻집은 지금도 손님들로 북적댈까, 오늘처럼 눈이 많이 내리는 날이면 공지천은 더더욱 많은 사람들이 몰려들었는데, 미끄러지지 않으려고 조심조심 눈 쌓인 청평사를 둘러보고 소양댐을 내려와 샘밭 막국수집을 찾아간다,

말을 하자면 빙어튀김이 그리운 날이 있다,

넌 어떠니?

그때 그 겨울 계엄령의 시절 대통령이 총 맞아 서거하고 교생실습 중 휴교령이 내렸다, 신춘문예를 준비하면서 졸업을 위한 학점도 이수해야 했고 교지 편집도 해야 했는데,

앞에 보이는 것만 보고 살던 나의 겨울은 하룻밤 사이에 지나가 버렸다,

금요일 비가 내리는 춘천, 크리스마스 전날 내리는 비, 광복군은 매일 일본 놈 죽일 생각을 했겠지만 나는 정신 놓도록 술을 마시며 연말을 보냈고 이제는,

'그래 그래도 난 괜찮아, 넌 어떠니?',

졸리면 자야지

배가 먹고 싶다, '강남스타일'이 울려 퍼지던 코타키나발루 해변, 맥주를 홀짝이며 불쇼를 보던 노상 카페, 바나나 껍질을 벗기는 백인 여자를 물끄러미 보고 있는 흑인 남자, 낮에는 백인들이 백사장에 엎드려 빨갛게 익도록 몸을 달군다, 나는 나무 그늘 벤치에 앉아 그들의 등이 언제 까맣게 타는지 기다리다 지친다, 지친 몸으로 하품하다가 내가 벌레가 되는 것은 아닌지 의심하면서 배 대신 바나나를 먹는다,

첫

은 늘 설레고 서툴다,

술을 마시다 보면 몽롱해진다, 그것이 좋아 마시는데 지나칠 때가 많다, 몽롱이 몽롱해질 때가 좋은데 지나치면 기절한다, 술은 늘 그렇게 시작한다,

파도와 바람도 첫,이 있을까? 파도는 늘 가까운가 하면 밀려왔다 밀려간다, 늘 머물지 못하는 바람은 쓸쓸한 바람,

서너 번 하면 조금 익숙해지고 열 번쯤 하면 조금 더 능숙해지겠지만 바다는 출렁이고 하늘은 늘 그 위에 있다,

구멍의 일

구멍으로부터 소리가 태어난다, 소리가 태어나면서 비로소 구멍은 구멍이 된다, 구멍을 드나드는 것들은 드나들면서 구멍을 변성시킨다, 구멍의 끝은 구멍, 들어오는 모든 것을 받아들이면서 구멍은 더욱 구멍이 된다, 드나드는 것들은 살아서 꿈을 꾸다가 죽기도 하고 죽어서 꿈을 꾸다가 살아나기도 한다, 태초부터 구멍이 구멍의 일을 한다,

빈 가방을 지고

손이 시리다

새벽에 걷기 운동을 하면서 날아오르는 철새들을 본다, 강바람에 흔들리는 갈대를 본다, 어떤 날은 일출의 붉은 빛이 하늘을 물들인다, 안개가 내려올 때는 풀들이 조용하다,

자전거 거치대에 푸른색 자전거가 한 달 넘게 묶여있다, 안장에 먼지가 쌓여있고 뒷바퀴가 터졌는지 눌려있다,

그 여자가 오늘은 공원 벤치에 혼자 앉아 있다, 금요일이면 만나게 되는 여자, 왼쪽 다리를 조금 저는 여자, 어떤 날은 남자와 같이 오고 어떤 날은 혼자 와서 남자를 기다린다, 지난주에는 남자가 오지 않는지 화난 표정이었다, 오늘은 말없이 남자가 팔굽혀 펴기 하는 것을 보고 있다,

매일 매일 만나던 할아버지, 흰색 강아지 두 마리와 산책하는 할아버지가 겨울바람 불면서 보이지 않는다,

복근

무용수의 춤사위를 보는데 비틀린 몸통 사이로 복근이 보인다, 뱃살 없는 복근, 남자의 복근이 꿈틀댄다, 여자의 복근이 꿈틀댄다, 음악이 빨라지고 춤이 현란해질수록 더 꿈틀댄다,

지팡이 짚고 힘겹게 오른 겨울산이 그렇다,

죽

감기 걸려 열이 날 때면 어머니는 밥 대신 죽을 주셨다, 김치와 먹는 죽은 맛이 없었다, 그래서 밥 대신 죽은 아플 때나 먹는 밥인 줄 알았는데 요즘은 죽을 먹는 사람이 많은가 보다, '본죽'에서는 전복죽 호박죽 등 죽 종류도 매우 다양한데 죽 말고도 비빔밥도 있고 삼계탕도 있지만 그래도 주메뉴는 죽,

죽도 밥도 아닌 것이 아니라 죽은 죽이고 밥은 밥이고 너는 밥 먹는 너대로 밥 먹는 너이고 겨울바람은 겨울바람대로 겨울바람이고 맑은 하늘 보며 죽 쑤는 나는 나대로 죽 쑤는 나,

일요일 오후

아파트 옥상에서 까치 다섯 마리가 놀고 있다, 매 한 마리가 그 위에서 원을 그리며 날고 있다, 담배 피우고 쳐다보니 매는 보이지 않고 하늘 끝자락에 띄엄띄엄 구름만 떠돈다,

겨울 햇살 받으며 마스크 쓴 할아버지가 앞서간다, 검은 털모자를 쓴 할머니가 말없이 뒤따른다, 사내아이 셋이 배드민턴장에서 웃고 떠들면서 축구공 뺏기 놀이를 한다,

마음대로 되는 것이 없어

"애를 못 낳아"
"어떻게 알아"

내가 노래를 부르며 외로워지는 것은/ 노래에 모든 삶을 다하지 못하고/ 온전하게 나의 노랠 지키지 못하는/ 서글픈 내 모습 때문이오/ 내가 노래를 부르며 공허해지는 것은/ 유행을 눈치 보며 따라가려 하고/ 돈 몇 푼에 내 삶의 노랠 접어두고서/ 다니기 때문이오/ 흔들리지 말아야 할 나의 믿음과/ 미련한 듯 한 길만을 가야 할 발걸음이/ 이렇듯 작은 유혹 앞에 휘청거리고/ 이렇듯 어둠 속에 서성거릴 때/ 난 외로워지면서/ 실천 없는 하루 삶에 못질을 하며/ 이 고통을 이겨내는/ 내 자신을 다시 찾게된다오/ 다시 찾게된다오

—안치환 「13년만의 고백」 일부

아는 만큼 보인다는 말이 있고 보이는 것을 믿는 것이 아니라 믿는 것이 보인다는 말도 있는데 씨암탉이 오르내리며 내뱉는 숨마다 허연 입김이다, 얄리얄리 얄랑셩 얄라리 얄라 아리아리 아리랑 아리랑 고개로 넘어가는 겨울은 유난히 춥다,

오를 때는 언제나 설렌다

겨울 하늘의 깊이를 알고 싶어 산으로 들어간다, 산그늘 밑으로 마른 이끼들이 꿈틀댄다, 급한 능선을 피해 슬금슬금 골짜기로 들어선다,

골이 깊을수록 하늘이 깊어진다, 눈 맞은 나무들이 꿈틀댄다,

술을 마시지 않으면 견디기 힘들었던 70년대, 밖으로 떠돌던 20대, 깊이 들어갈 수 없었던 그때, 설악의 어느 자락에서 이제 비로소 깊이 들어왔다고 생각하던 그때, 대청은 너무 멀리 있고 계곡물은 차고 넘치던 그때가 가끔 그립다,

바람 없는
함백산 상고대가 눈부시다,

동틀 무렵

하늘은 시시각각 변한다,

이중의 철조망 중 한쪽을 걷어낸 한강 하구 강둑 너머에서 구절초가 흔들린다, 하늘빛 강물이 일렁인다,

'없다고 나무도 없고 구름도 없고 달도 없다고 나도 없고 당신도 없다'라는 식상하고 아리송한 생각을 하면서 걷는데 불현듯 바람이 잦아든다,

별 하나가 보인다, 자세히 보니 하나 더 보인다, 더 자세히 보니 하나 더 보인다, 희미한 별빛이 사라져 간다, 철조망 뒤 초소 밑은 어둡다,

일

먼 길을 떠납니다

개미 하나 풀씨 하나 알지 못하는

바람과 구름처럼 끊임없이 움직이는

당신이 궁금합니다

먼 길을 떠납니다

늙은 소가 풀을 뜯어 먹으며

무더기로 똥을 쌉니다,

눈

문경 새재에 내린 눈은 폭설로 쌓이고 한강 위로 떨어지는 눈은 그대로 녹는다, 어제는 조령산을 포기하고 눈을 맞으며 문경 새재 3관문까지 걸었고 오늘은 눈을 맞으며 한강둑을 걷는다,

눈이 온다, 여의도에도 오고 용산에도 오고 내가 사는 김포에도 온다, 그 눈이 그 눈이지만 녹으면서 오기도 하고 풀풀 날리면서 오기도 한다,

쓰레기봉투에 넣어 버려진 쓰레기 분리수거함에 분리수거된 재활용품 옷 수거함에 넣은 낡은 옷 털고 버려야 할 것들이 눈처럼 쌓인다,

눈이 온다, 빌어먹을 눈 눈이 온다, 그런데 사막에도 눈이 오나?,

빈 가방

빈 가방을 지고 산을 오른다, 천근만근 빈 가방을 지고 산을 오른다, 정상에서 굽이굽이 이어진 산들을 내려다봐도 찾는 것은 보이지 않는다, 하늘을 올려다봐도 보이지 않는다, 빈 가방, 온몸을 짓누르는 빈 가방, 산이 가득 찬 빈 가방, 하늘이 가득 찬 빈 가방, 빈 가방을 지고 어슬렁어슬렁 산을 내려온다, 내 그림자가 따라 내려온다,

그리고

백자달항아리의 무심한 흰빛, 약간 일그러진 곡선, 그리고,

꽃이 피고 지고 당신은 물 따라 흘러간다,

흐르지 못하는 나는 잘 차려진 밥상 앞에서 머뭇거린다, 젓가락으로 이것저것 뒤적거리면서 밥을 먹지 못한다, 갈비찜 전복구이 어리굴젓 입맛 돋우는 반찬 가득한데 밥을 먹지 못한다,

불그스레한 보름달이 뜬 겨울에 당신은 어디로 가는가? 그리고,

가슴이 시리다

양평 서종면 북한강로를 운전하는데 라디오에서 김현식의 「내 사랑 내 곁에」가 흘러나온다, 김현식의 노래를 들으면 가슴이 시리다,

제6차 촛불집회(2016.12.3.) '촛불의 선전포고 박근혜 즉각 퇴진의 날'에 촛불을 들고 한영애가 노래한 「조율」을 들을 때도 가슴이 시렸다, 조율은 조루가 아니고 조지는 것도 아니어서 조율하기가 어렵다, '박근혜 정권 퇴진 비상국민행동'은 전국에서 모두 232만 명이 촛불을 밝혔고 박근혜는 파면되었다, 그리고 윤석열은 '비상계엄'을 선포(2024.12.3.)하고 파면되었다,

둘다섯의 「밤배」를 들을 때면 어두운 바다를 떠다니는 '아하 볼 사람 찾는 이 없는 조그만 밤배'처럼 가슴이 시리다,

무작정

잠을 잔다, 밥을 먹는다, 어쩔 수 없는 내가 걷는다, 나처럼 너도 잠을 잔다, 밥을 먹는다, 어쩔 수 없는 너도 걷는다,

하루 지나고 십 년 지나고 오십 년 지난 오늘도 자고 먹고 걷는다, 내가 내일도 죽지 않는다면 역시 자고 먹고 걸을 것이다,

노자는 '잘 가는 걸음은 자국을 남기지 않고, 잘하는 말은 허물이 없고, 잘하는 셈에는 산가지를 쓰지 않는다.'고 했는데 오늘도 어쩔 수 없이 무작정 잠을 자고 무작정 밥을 먹고 무작정 걷는다,

파도는

황금산을 오르고
몽돌해변으로 내려간다

단단한 검은 몽돌 하나 주워 들고
코끼리바위를 본다

끊임없이 파도는
돌의 몸으로 스며들어 몽돌이 되고

끊임없이 파도는
바위를 흔들어 코끼리가 되고

인류가 살아가는 것은???
언제인지 모르지만 멈추겠지,

모르겠다

개와 걷는 사람이 있다, 개를 품고 가는 사람도 있고 개모차에 태우고 가는 사람도 있는데 대부분 개에게 끌려가는데 모르겠다,

싫다는 건지 좋다는 건지 아프다는 건지 슬프다는 건지 기쁘다는 건지 우는 건지 웃는 건지 중얼거리는 건지 도무지 모르겠다,

평일에 혼자 달리는 사람이 있다, 휴일에는 모여서 달리는 사람들이 있다, 달려도 달려도 모르기는 마찬가지지만 기안84는 뉴욕 마라톤대회에서 토하면서 4시간 48분 16초로 완주했다,

당신이 떠나갑니다, 다시 못 볼 것 같습니다, 당신이 떠나갑니다, 떠나가는 당신을 모르겠습니다,

소주

가셨다, 사나흘 곡기를 끊고 소주를 마시더니 아버지는 아무도 없는 차가운 방에서 쥐도 새도 모르게 가셨다, 살아 계실 때에는 항상 반주로 소주 석 잔을 마셨다, 아버지의 아들인 나는 반주는 안 하지만 아버지처럼 소주를 즐겨 마신다, 봄비 맞은 벚꽃이 눈처럼 떨어지는 밤에 소주를 마신다, 삼겹살을 상추에 싸 맛있게 소주를 마신다,

바람이 분다

컴컴하고 잠잠하다

너무 멀리 있는지
생각하고 생각해도
그림자만 보이는 당신

 바람이 분다/ 서러운 마음에/ 머리를 자르고/ 돌아오는 길에/ 내내 글썽이던 눈물을 쏟는다/ 하늘이 젖는다/ 어두운 거리에/ 찬 빗방울이 떨어진다/ 무리를 지으며/ 따라오는 비는/ 내게서 먼 것 같아/ 이미 그친 것 같아/ 세상은 어제와 같고/ 시간은 흐르고 있고/ 나만 혼자 이렇게 달라져 있다
—이소라 「바람이 분다」 부분

당신은 없고
복사꽃 붉게 벌어진 꽃잎 사이로
바람이 분다,

카톡

조릿대 숲을 지나 짙은 안개 깔린 달마산을 오른다,

뒤늦게 목사가 된 친구는 새벽마다 성경 말씀을 골방 카톡방에 올린다, 여호와는 말씀으로 세상을 만드시고 나는 말로 시를 쓴다, 그리고 두두물물은 스스로 만들어진 것이 아닌가 하는 생각에 자연물을 찍은 사진을 올린다,

내 키보다 작은 나무들이 살고 있는 곳에 가면 가끔 카톡이 깜깜일 때도 있다,

파리 목숨

예나 지금이나 거기에 있는
보고 싶어도 보이지 않는
만지고 싶어도 만져지지 않는
그런 당신이 살다가 죽어도 당신

바람소리 물소리 새소리가
몸 안으로 들어온다

파리 한 마리가 방으로 들어왔다, 밖으로 나가려는지 창문 유리창에 붙어 윙윙거린다, 수건을 파리채 삼아 휘두른다, 파리가 떨어진다, 죽지는 않았다, 상처도 없는 것 같았다, 조심스럽게 손으로 집어 창문 밖으로 던진다,

살아갈지 죽어갈지
파리 목숨이다,

이름

장미라고 불러봅니다, 고양이라고 거미라고 불러봅니다, 하루살이라고 불러봅니다,

얼마를 더 가야 땅끝마을에 도착할 수 있을까요?

이브는 창조주의 말을 안 듣고 선악과를 따 먹었다고 합니다, 그래서 선악을 알고 부끄러운 곳을 가렸다고 합니다, 그 죄가 대를 이어 내려온다고 합니다,

할 말이 없어 어색하면 괜히 머리를 만집니다, 손으로 입을 가리고 웃습니다,

소나무라는 이름이 있습니다, 고래라는 이름이 있습니다, 시라는 헛된 이름이 있습니다,

아우성

내가 사는 곳은 금연 아파트, 아파트 울타리 밖에서 담배를 피우는 사람들이 있습니다, 나는 우리 집 대피소에서 담배를 피웁니다, 작은 탁자 하나 놓고 커피를 찔끔찔끔 마시며 전자담배를 피웁니다,

대한민국의 대통령은 끝이 좋지 않습니다, 하나같이 국민을 위해 열심히 일한다는데 끝이 좋지 않습니다, 여야 모두 서로 국민을 위한다는데 그들 말 속의 국민은 어느 국민을 말하는지 모르겠습니다, 초등학교 6학년이면 정치는 '대화와 타협'이라고 배우는데 서로의 아우성만 들립니다,

사랑이라는 말만 있고 사랑은 없는지도 모릅니다, 희망이라는 말만 있고 희망은 없는지도 모릅니다, 사랑이나 희망이 있어 속 시원히 웃을 수 있으면 좋으련만 하느님처럼 볼 수도 만질 수도 없어 그리움만 두근두근 남습니다,

낙서

똥인지 밥인지
돌덩인지 금덩인지 모르는
갓난아이

말을 배우기 시작하면서

"이거 뭐야?" "저거 뭐야?"
"왜" "왜"
"내꺼야, 내꺼야"

아이야, 미안하다

크면서
알음알음 구겨진단다,

지렁이

기러기는 떠돌면서
개미는 굴을 파면서

나는 일찍 늙었고

내 안의 그놈이 떠나갑니다, 떠나갔는데 아직 흔적이 남아있습니다, 지우기가 어렵습니다, 죽을 때까지 남아있을 것 같습니다,

지렁이가 몸 말린 흔적
살던 곳으로 잘 가야 하는데

사느냐 죽느냐

햇볕이 강렬하다,

없다

놀이터에서 아이들이 웃고
떠들며 노는 소리가 들린다

무더위에 새는 보이지 않고

김민정 시인의 시집
『그녀가 처음, 느끼기 시작했다』가 눈에 들어온다

붙잡을 것 없는 하얀 벽

끝도 없고 시작도 없는
손잡이 없는 문고리를 찾는다,

중얼중얼

돌리고 돌리다가

리모컨을 손에 들고 찾는다, 잠시 두리번거리다가 손에 쥐고 있는 것을 보고 피식 웃는다,

공영 방송 홈쇼핑 케이블 종편 등등 너무 많아 시청할 프로그램을 찾지 못한다, 돌리고 돌리다가 '태어난 김에 세계일주'를 본다, '나는 자연인이다'를 보고 '나 혼자 산다'를 본다,

폭염의 여름, 그렇게 남의 일상을 실실 웃으며 기웃거리다가 리모컨을 꽉 붙잡고 존다,

개똥

새벽 산책길에 개똥을 밟았다

지렁이를 입에 문 까치가 두리번거린다

새끼 오리 다섯 마리가 졸 졸 졸 어미 오리 뒤를 따라간다

갓 피기 시작한 조팝나무 꽃을 보면서

너무 오래 살았나 개새끼 개새끼 욕하면서 산책을 계속한다,

때가 되면

초승달이 동쪽 하늘에 걸려있다

서재 책꽂이에는 묵주를 목에 건 돌부처 모양의 수석이 있다

등산할 때 쓰는 모자가 벽에 걸려있다

남의 시집을 읽으면서 남을 모르고

모르면서 읽고 심호흡하고 때가 되면

그렇듯이 아이들은 모래 장난을 좋아한다,

날마다 좋은 날

이길 바라면서,

유치원 선생님이 웃는 얼굴로 인사한다, 아이들은 유치원 등원 버스를 타면서 엄마에게 손을 흔든다, 버스 좌석에 앉아서도 손을 흔든다, 엄마들은 버스가 아파트를 빠져나갈 때까지 아이를 보고 웃으면서 손을 흔든다,

허공을 지나는 바람이 있고 어디든지 따라다니는 개가 있다,

인연

난 어렸을 때 천운이 따른다는 소리를 들었다.

대학생 때 호주로 이민 간 친구가 궁합을 봐달라고 사주를 보낸 적이 있다. 궁합을 보려고 상가 골목 끝 허름한 여관에 붙어있는 사주팔자를 본다는 방으로 들어갔다. 아무 말 없이 친구와 여자의 사주를 내밀었다. 수염 덥수룩한 자칭 도사는 두 남녀는 지금 떨어져 있는데 결혼 후에도 한 3년은 더 떨어져 있어야 좋다고 한다. 여자는 한국에서 고등학교 영어 교사로 재직 중이다. 친구와 여자는 어그러질 사주였고 지금 같이 사는 여자와는 궁합이 잘 맞는지 모르겠다.

능소화가 지고 쑥부쟁이가 피고 나뭇잎이 떨어지면 눈사람이 매화를 본다.

뒷말

부패한 고깃덩어리 주위로 파리가 알을 낳는다,

'달을 보니 원이다, 태양을 보니 원이다, 지구도 원이다, 원 속에서 나도 원이고 너도 원이다, 우주도 원이다,' 이렇게 쓰는 것은 내 말이 아니고 어디서 들은 이야기 같은데 어딘지 모르겠고, 대부분 남의 이야기를 듣고 말하고 쓰면서 살다가 죽는다,

부패한 고깃덩어리가 많을수록 파리는 번성한다,

밥 잘 먹는다

빈틈없이 하늘 가득 구름이다, 영상 2도인데 눈이 날린다, 바람 따라 풀풀 오르내리며 내린다, 도로에 떨어지는 눈은 사라지고 솔잎에 떨어지는 눈은 쌓인다,

탈관념 시론으로 시를 쓴 오남구 시인은 췌장암으로 가셨다, 비대상 시론으로 시를 쓴 이승훈 시인은 대장암(?)으로 가셨다, 선시론을 쓴 송준영 시인은 위암 수술 후 완치되었다, 나는 아직 멀쩡히 밥 잘 먹는다, 시 쓰는 것도 밥 먹고 하면 좋겠다,

추억의 올드팝 1970년대 곡을 들으면 춘천 공지천이 생각난다, Ethiopia 찻집에서 밥 먹으려고 음악을 틀면서 힘겹게 스무 살을 견디던 일이 생각난다,「Without You」(Harry Nilsson),「Epitapt」(King Crimson),「Hotel California」(Eagles) 등등 어제 같은 곡들을 듣는 일은 가슴 아린 일이다,

사는 것이 그렇게 큰 의미나 목적이 있는 것도 아닌데 괜찮을 만큼 살아가며 떨어지는 눈을 보는 밤이다,

중얼거림

청소기를 돌리면서 혼자 중얼중얼하는 것은 어제의 중얼거림이고 내일의 중얼거림이고 침실에서의 중얼거림이고 화장실에서의 중얼거림이고 중얼중얼 지껄이는 말은 뜻이 없는 말이면서 뜻이 있는 말이고 쏟아지는 빗소리고 눈 쌓이는 소리이고 구름 떠다니는 소리이고 천둥소리이고 아무 소리도 아니고,

비 오는 날

가을인데 유난히 비가 자주 온다. 지난여름에도 비가 많이 왔는데,

2023년 10월 2일 월요일 오후 2시 39분 비가 오지 않는다. 오늘 비가 온다고 한 것은 아침 뉴스의 일기예보. 내가 사는 김포에도 비가 오고 내일 가 볼 강화도 혈구산에도 비가 온다고 한다. 비가 그치면 혈구산을 오르려고 했는데 하루 종일 찔끔찔끔 비가 온다.

혈구산 오르기를 포기하고 『영도의 시쓰기』(이승훈, 2012년, 푸른사상사)를 읽다가 지루해 TYGEM에 접속해 바둑을 둔다.

순리

물에 비친 나뭇가지가 흔들린다

나뭇가지 그림자가 흔들리고 물도 같이 흔들린다,

돌과 돌들이 구르면서 만난다

흐르는 계곡물 속에서 큰 돌들과 작은 돌들이 부딪는다

깨지기도 하고 금이 가기도 한다

오랜 세월 지나면 반질반질 윤이 난다

천둥번개 돌풍을 동반한 소나기 요란한 세상은

여기인가 저기인가,

평일의 행복

어제도 밥 먹고 이빨 닦고 세수하고 오늘도 밥 먹고 이빨 닦고 세수하고 내일도 밥 먹고 이빨 닦고 세수하고,

매일매일 걷는 생태공원 산책로에 산딸나무가 있다, 산딸나무 옆에서 자라는 억새는 오늘은 흔들리고 있는데 어떤 날은 흔들리지 않는다,

어제는 고라니 한 마리가 공원 산책로를 가로질러 빠르게 이동하는 것을 보았다, 어떤 날은 꿩을 보기도 한다, 항상 보이는 소나무 벚나무는 그 자리에 있다,

대부분의 사람은 산책을 즐기는데 간혹 뛰는 사람들이 있고 자전거를 타고 빠르게 달리는 사람이 있고 지팡이를 짚고 천천히 걷는 사람도 있다,

각양각색

검은색 흰색 회색 무지개색은 식상하고 연분홍 연보라……

눈이 온다고 바람 부는 것도 아니고 바람 분다고 비가 오는 것도 아니고 눈이 오고 바람이 불고 비가 올 수도 있고……

선한 자가 있고 악한 자가 있고 미치광이도 있고 정상이라는 자도 있고 절망에 빠져 자살하는 자도 있고 희망찬 미래를 기다리는 자도 있고 슬픔에 빠진 자와 쾌락을 좇는 자 어리석은 자 영악한 자 정권을 잡고 싶은 자 모든 것이 국민의 뜻이라고 밀어붙이는 자도 있고……,

푸른 꽃이 있고 푸른 낙타가 있고 푸른 고래가 있다면 나도 푸른 무엇이 될지 모르겠다,

어느 겨울날

지난밤부터 겨울비가 내린다, 하늘이 쓸쓸하고 우중충하게 젖는다, 자면서 꿈을 꾸고 꿈을 꾸면서 싸우고 잠꼬대하며 또 잠을 자는 겨울밤이다,

"보여? 보여? 보이지? 나비가 날개를 접고 있어, 날개가 축축해, 날개에서 꽃이 피어나, 붉은 꽃이 피어나, 꿀물이 보이지? 나비가 날아가……" 밤새도록 뒤척거린다,

자줏빛 먹구름이 하늘 가득하고 대기가 싸늘하다, 가로등이 희미하게 빛난다, 비에 젖은 개 한 마리가 서성거린다, 겨울비가 폭설로 변한다,

머물지 않는다

올가을에도 기러기 떼가 날아왔다. 한강 하구의 섬에도 벼를 벤 논에도 수백 마리의 기러기들이 앉아 있다.

자전거 도로에서 작은 아이 둘이 아빠 엄마와 같이 자전거를 타고 있다. 남자아이보다 조금 작은 여자아이가 동생인가 보다. 오빠는 아빠 따라 저만치 앞서거니 뒤서거니 먼저 가고 동생은 엄마와 나란히 그 뒤를 따른다. 겨울바람이 봄바람처럼 따뜻하고 화창한 일요일이다.

베트남 달랏으로 여행을 떠난다. 겨울 패딩을 입고 출발해서 봄 여름 가을 날씨가 혼재한 달랏 여행지를 돌아다닌다. 대한민국은 폭설이라는 인터넷 기사를 보면서 꽃들이 한창인 달랏에서 삼겹살에 소주를 마신다.

꿈산책

(꿈속의 꿈 꿈속의 꿈 꿈꾸기가 끝나면 웃음이 사라진다, 사라진 웃음은 꿈속의 꿈 꿈속의 꿈속에 있다,)

걸을 때는 걷기만 한다, 오른발이 앞으로 나갈 때 왼손이 앞으로 나가듯이 산다, 103보충대에서 제식훈련을 할 때 왼발이 앞으로 나갈 때 왼손이 앞으로 나가는 녀석이 있었다,

때론 장수돌침대, 대왕님표여주쌀, 인사돌, 훼스탈, 반복 반복 반복해서 듣던 광고 문구가 머리를 휘저을 때가 있다,

체감온도를 낮추는 북서풍이 분다, 산수유 꽃망울이 흔들리고 여자가 되고 싶은 남자가 있다, 그렇게 알게 모르게 속으며 산다,

길

꽃나무는 꽃을 피운다, 굴러다니는 돌은 굴러다니고 사랑은 그냥 그렇게 아이들은 하루하루 잘도 자란다,

턱수염이 자란다, 콧수염이 자란다, 머리카락이 자라고 손톱이 자라고 발톱이 자란다, 죽을 때까지 자란다,

날이 밝기 전에 서둘러 집을 나서는 사람들이 있다, 퇴근 후 대리운전을 하는 사람들이 있고 응급실을 찾다 죽는 사람도 있다, 그러거나 말거나 여의도는 시끄럽고,

거울에 비친 내가 나를 보고 실실 웃는다, "넌 가짜야! 넌 가짜야!" 갈라진 거울 속의 갈라진 내가 손가락질한다,

예수는 턱수염이 덥수룩하고 부처는 매끈하고 종이배는 가볍게 가볍게 떠내려간다,

시쓰기

왜 애를 낳을 수 없다고 했을까? 백담계곡에서 목구멍 깊숙이 넣은 말들이 씨가 되었을까? 그래서, 너는 아기를 낳지 못했을까? 이렇게 문장을 만들어가는 시쓰기, 빙글빙글 돌아가는 시쓰기,

"나를 찾는 과정이 나의 시쓰기이다." 선생님은 불안해서 글을 쓴다고 말씀하셨다, 뒤늦게 불교를 만나 무아를 알았을 때 과연 불안을 극복한 시쓰기를 했을까, 초등학교 5학년 정도면 읽을 수 있는 시쓰기, 영도의 시쓰기,

골목길에 들어선다, 돌고 돌아 막다른 골목, 되돌아 나오는데 길을 잃어 골목에 갇힌다, 걸을 수밖에 없어서 걷는 출구를 찾아도 찾을 수 없는 미로의 골목, 이제는 달아날 수 없어서 막연히 걷는다, 겹겹의 벽 사이사이를 걷는 시쓰기, 그냥 시쓰기,

다시 처음

스스로 떨어진다, 겨울바람 견디며 끝끝내 말라붙어 있던 병꽃 나뭇잎들은 붉은 꽃봉오리가 나오는 5월이면 스스로 떨어진다,

부들부들부들 부들도 그렇다, 겨우내 얼음물 속에 마른 채 꼿꼿이 서 있다가 새순이 자라기 시작하면 스스로 쓰러진다,

'하늘 아래 새로운 것이 없다고, 내 아이디어의 대부분은 훔친 것'이라고 스티브 잡스는 말했다는데, 붉은 사과도 있고 붉은 장미도 있고 붉은 사막에 사는 사막여우도 있다,

흐르는 물처럼 떠도는 구름처럼 잡히지 않는 당신, 송홧가루 날리는 봄날 안경을 닦는다,

팔면 올라가고 사면 떨어지는 주식처럼 눈앞에서 오르락내리락 떠다니는 벌레 한 마리, 힘들게 살았던 지난날들 내려놓고 다시 처음은 계속된다,

안녕

비릿한 풀냄새가 짙은 안개를 타고 스멀스멀 올라온다, 어제 제초 작업을 한 공원은 금계국, 개망초가 환하다, 허리를 굽혀 개똥을 처리하는 아주머니에게서 은은한 꽃향기가 난다,

민달팽이가 보이고 다리가 많은 벌레가 보이고 말라붙은 지렁이도 보이는데,

바람 부는 날 공지천에 친구의 뼛가루를 뿌린 후 소주를 병째 마시던 일이 떠오른다, '안녕, 사람 사는 것이 다 그러려니 하고 살았으면…… 배고프고 아픈 날들이었지만 지금은 안녕한지 모르겠네'

새벽을 깨우는 바람이 비릿한 풀냄새를 지운다,

공

십 년을 보다(하다) 보면 보일 것도 같은데,

강물은 흐르는 듯 멈춘 듯 잔잔하고 빈 들판을 보면서 멀리 남쪽 섬 백사장 위를 날아다니는 나비를 생각하면 보일까?

닫힌 창문을 사이에 두고

유리창에 비친 불빛 따라 흔들리는 어둠 얼룩진 하늘 새들의 비행 어스름한 새벽안개 속에서 뒤척이는 마른 갈대,

평생을 보다(하다) 보면 미안하지만 그림자라도 아주 조금 보이기는 할까?,

유전

단 한 번, 서럽게 서럽게 소리 내어 운 적이 있습니다.

빛을 주었습니다. 물을 주었습니다. 온실의 꽃은 그때마다 조금씩 피어났습니다. 꽃은 당연히 빛을 받는 것이고 당연히 물을 받는 것으로 생각했습니다. 그래서 빛과 물을 주는 것이 당연한 일이 되었습니다. 조금 빛이 모자라거나 물이 모자라면 꽃은 시들었습니다. 그때마다 꽃은 빛을 원망합니다. 물을 원망합니다.

거머리 아버지가 살았습니다. 거머리 아들은 거머리란 소리가 듣기 싫었습니다. 그래서 거머리가 아닌 척 애쓰면서 살았습니다. 진흙탕 속의 삶은 고달팠지만 피는 빨아먹지 않고 살았습니다. "피 빨아먹는 놈"이란 말을 들을 때 거머리 아버지가 생각났습니다. 피할 수 없는 거머리 아버지의 아들, 잊고 살았던 그 사실을 알았을 때 서럽게 서럽게 울었습니다.

어머니가 돌아가셨을 때도 속울음이었지 그렇게 울지는 않았습니다,

눈꽃

선생님은 아셨지요? 40여년 '나를 찾는 시'를 쓰시다가 운명적으로 불교를 만나 그 과정이 부질없다는 것을 아셨지요? 그래서 동시를 써야겠다고 하셨을 때 전 미처 몰랐습니다, 암에 걸리셨으면서도 여전히 담배를 피우시고 마른 멸치를 안주 삼아 맥주를 마시는 모습에서 '나는 없다'는 말을 비로소 조금 깨달았습니다,

제자리로 돌아오려고 눈물 콧물 흘리며 겨울산을 오릅니다, 눈꽃을 보려고 새벽부터 부지런히 움직입니다, 눈길이 미끄러웠지만 태백산 눈꽃의 빛나는 눈부심은 기대 이상입니다,

죽을둥살둥 매달렸던 지난날을 떠올리며 선생님을 생각합니다, 선생님이 가시고 난 다음 동시를 쓰시겠다는 마음 이제는 알 것 같습니다, 강물은 흐르고 눈꽃은 녹기 마련입니다,

종이배

닭도 있고 고양이도 있고 고래도 있는데 나는 왜 개가 있는지 모르겠다, 개가 나고 내가 개고 개가 시고 뭐 그렇고 그런 이야기를 하고 싶은 것이 아니다, 단지 왜 나는 개가 있는지 모르겠다는 것이다, 모르는 그런 개가 있다,

불안도 있고 외로움도 있고 아픔도 있는데 왜 나는 그리움이 있는지 모르겠다, 시간이 흐르고 비가 오고 눈이 와도 그대로 있는 것들, 소리도 없이 느낌도 없이 있는 그대로 있는 것들 속에서 초록 초록으로 남아있는지 모르겠다,

바다로 떠내려간 종이배에는 개가 그려져 있다, 그려진 개는 수평선을 바라보고 종이배는 수평선을 향해 나아간다,

낡은 선풍기

창고를 정리하다가 낡고 오래된 선풍기를 보았다, 선풍기를 꺼내어 먼지를 닦고 전원을 넣으니 잘 돌아간다, 상표는 처음 보는 것이어서 찾아보니 지금은 다른 제품을 만드는 회사다, 그 선풍기를 만들 때는 선풍기가 비싸 잘 팔리지 않아 업종 변경을 했다고 한다,

오랜만에 보는 친구가 선풍기의 녹을 벗긴다, 그 회사 기술진이라고 한다, 새 선풍기처럼 만들어 놓고 웃는다, 그 선풍기를 여사장은 회사에 전시한다고 웃돈을 주고 사가겠다고 한다, 골동품이 된 선풍기, 반복의 순간을 돌리는 선풍기, 창고에는 낡은 물건들이 뒤섞여 놓고 있다,

왜 이런 쓸데없는 꿈을 꾸는지 모르겠다,

산과 산 사이

국밥

1970년대 춘천 중앙시장 순대국밥 골목, 가난한 대학생들이 즐겨 찾는 순대국밥 골목, 비릿한 피 냄새 가득한 충북집, 내 국밥 사랑은 충북집에서 시작되었다, 막걸리와 소주를 마시면서 피순대에 익숙해지고 돈이 조금 생기면 머리 고기 수육을 먹었는데 씹는 맛이 고소했는데,

순대국밥 말고도 돼지국밥, 장터국밥, 소머리국밥, 콩나물국밥, 굴국밥, 해장국밥(선지해장국, 황태해장국, 올갱이해장국, 콩나물해장국, 묵해장국, 재첩해장국, 뼈다귀해장국, 곰취국, 복국, 몸국……) 설렁탕 갈비탕 곰탕 육개장도 있다, 맛은 제각각이지만 먹으면 먹을수록 먹게 된다,

제주도 '은희네 해장국'도 좋고 영종도 '또와돌솥밥순대국'도 진국이고 '양평해장국'의 얼큰한 국물과 선지 맛이 썩 괜찮고, 영동고속도로 상행 여주휴게소 '순대국밥'은 쫄깃쫄깃한 고기 맛이 일품이다, 그리고,

국과 밥이 섞여 맛난 시가 된다,

인생

하룻밤 자고 난 남녀의 아침 풍경

- 1970년대, 여인숙, 여자는 울고 있고 남자는 당당하게 여자를 똑바로 보며 말한다, "걱정하지 마, 내가 너 하나 못 먹여 살리겠냐?"
- 1980년대, 여관, 여자는 울고 있고 남자는 힘주어 말한다, "내가 너 사랑하는 거 알지 걱정하지 마."
- 1990년대, 교외의 러브호텔, 남자는 누운 채 담배를 피우고 있고 여자는 옷을 입고 나가면서 말한다, "자기야 나 바빠서 먼저 갈게, 삐삐쳐."
- 2000년대, 모텔, 남자는 고개를 푹 숙이고 담배를 피우며 한숨을 내쉬고 여자는 담배 연기를 길게 내뱉으며 말한다, "너 처음이구나?"
- 2010년대, 모텔, 남자는 이불로 얼굴을 가린 채 웅크리고 있고, 여자가 앙칼지게 소리친다, "야, 너 토끼니?"
- 2020년대, 러브호텔, 남자는 누워서 울고 있고 중년의 여자는 돈을 주며 "용돈하고 내가 부르면 총알같이 튀어 와, 알았지?"

—YouTube '유머1번지'에서 들은 이야기

잿빛 하늘 밑으로 조금씩 눈발이 날린다, 땅에 떨어지기를 주저하듯 머뭇머뭇 풀풀 날린다, 헤아릴 수 없는 눈송이들, 옷을 입은 개가 코를 땅에 박고 있는데 주인은 목줄을 당긴다,

집

에 처음 들어설 때,

떨리는 손으로 안방 문을 열 때 방은 긴장하고 공기는 팽창한다, 창문을 조심스럽게 열고 창밖 푸른 나뭇잎 흔들림을 느낀다, 까치가 나뭇가지를 물고 와 집을 짓는다,

유령이 번성한 집에 들어설 때,

익숙하게 문고리를 잡고 안방 문을 열 때 방은 헐렁하고 공기는 수축한다, 창문을 힘주어 열고 창밖 마른 나뭇잎의 부스럭거림을 느낀다, 까치가 날아간 둥지는 비어 있다,

지겹게 제 살을 뜯어 먹고 살며 버틴 기둥은 아래부터 썩고 있다,

불 꺼진 집

지금까지 앞문으로 출입하면서 뒷문은 생각하지 않았습니다,

한 번도 열어 본 적 없는 문입니다, 녹슨 문을 열고 들어서면 장항아리들이 보이고 담 구석에는 폐쇄된 재래식 화장실이 있습니다,

회색 담장 위로 유리 조각이 촘촘히 박혀 있습니다,

서서히 겨울 안개 차오르는 밤입니다, 붉은 신호등을 앞에 두고 자동차 브레이크 등이 줄지어 꼬리를 물고 서 있습니다, 자동차전용도로 주변에 앞문 뒷문 모두 열어놓은 불 꺼진 집이 있습니다,

만보

새벽에 일어나면 맨손체조를 하고 한 시간 정도 걷는다,

하나 둘 셋 넷 코로 숨을 깊게 들이쉬고, 하나 둘 셋 넷 천천히 입으로 내쉰다, 정면을 응시하고 어깨를 펴고 허리를 꼿꼿이 세우고 팔을 자연스럽게 흔들며 걷는다, 잠시 방심하면 호흡이 흔들리고 웅크리고 있던 검은 습관이 눈을 내리깔고 노려본다,

미세먼지 미세플라스틱은 겨울바람에 날려 보내고, 전쟁 종교 기아 탄핵…… 호흡에 집중하며 잡념을 털어낸다,

하루 만보를 걷기 위해 오후에 한 번 더 걷는다,

그곳

만년설에 묻혀 만년을 얼어있는 당신입니다, 눈이 내리고 쌓이고 또 내리고 쌓이고 쌓여 보이지 않는 당신입니다, 내 목을 끊임없이 조이는 당신은 어울리기 힘든 당신입니다,

출렁이는 모니터에서 말이 문장이 되지 못하고 흩어집니다, 꿈속에서라도 편안했으면 좋겠는데 당신은 보이지 않습니다, 풀숲에서 고양이가 유혹의 눈빛을 보낼 때 언뜻 당신의 그림자가 어른거릴 때가 있습니다,

파도가 솟구쳐 오르고 부서져 내리며 거품을 만들고 있습니다, 백사장의 모래는 끊임없이 쓸리는데 먼바다는 잔잔해 보입니다, 여전히 당신은 보이지 않는데 오르고 또 오르는 그곳에 당신은 있습니까? 부재중입니까?,

나이가 있으니까

허리가 아파 찾은 통증의학과, 진료실 의자 깊숙이 두꺼비처럼 앉아 있는 의사, 한눈에 봐도 고도비만인 의사,
"어디가 아파서 오셨어요?"
"허리가 아파서 왔습니다."
엑스레이를 찍고 난 후
"다행히 디스크는 아니네요. 운동하세요?"
"걷기합니다."
"얼마나?"
"하루 한두 시간 걷고 일주일에 한 번 정도 등산합니다."
"운동량이 많네요. 조금 줄이세요. 나이가 있으니까."
처방 약 드시고 물리치료를 받으면서 상황을 보자고 한다,

약을 먹으면서 일주일 물리치료를 받고 나니 허리 통증이 말끔히 나았다, 고도비만인 의사는
"운동을 줄이세요. 나이가 있으니까. 그렇지 않으면 또 오시게 됩니다."

집으로 걸어오면서 내일 오를 석모도 해명산을 생각한다,

엘리베이터

올라간다, 4층이 집이다, 내려간다, 4층이 집이다, 내려간다, 지하 1층이 주차장이다, 내려간다, 지하 2층이 주차장이다, 올라간다, 4층이 집이다, 올라간다, 맨 위층에는 옥상으로 올라가는 계단이 있다,

지난 일이지만 늘 우울한 술이다, 원주로 삼척으로 서울로 떠난 친구들 입대하는 친구들을 보내고 안개 그늘 자욱한 욕망의 도시 춘천에서는 비틀비틀 늘 불안한 술이다,

내려간다, 지하 1층이 주차장이다, 내려간다, 지하 2층이 주차장이다, 올라간다, 4층이 집이다, 올라간다, 맨 위층에는 옥상으로 올라가는 계단이 있고 문이 닫혀있다, 문 밖 옥상에는 비둘기들이 살고 있다,

지난 일이지만 춘천 공지천 강둑에 앉아 새를 찾는다, 어떤 새는 가까이서 보기만 하고 어떤 새는 잡아보려고 한다, 신경안정제를 먹으며 찾는 새는 날아가고 새벽이슬 머금은 채 꽃잎 오므리고 있는 구절초는 너무 먼 산골짜기에 피어 있다,

불이문

동굴 안에 절이 있습니다, 현판은 흥국사, 많이 들어본 이름입니다, 동굴 입구가 불이문입니다, 안으로 들어서니 희미한 어둠 속에서 돌부처가 미소를 짓고 있습니다, 동굴 안인데도 이상하게 하늘이 보입니다, 은하수가 보입니다, 이곳저곳 구경을 하는데 갑자기 동학농민운동 때 진군한 일본 군대가 열 맞추어 행진합니다, 이게 무슨 일인가 의아해하면서 동굴 밖으로 나옵니다, 밖은 환한 대낮입니다,

양주 노고산에 있는 흥국사가 생각난다, 원 모양의 불이문이 생각난다, 원 모양의 해탈문이 생각난다, 노고산을 오를 때 본 산철쭉이 생각나고 허상을 쫓아다니는 내가 보인다,

왜 그럴까

들어오긴 했는데 출구가 없습니다, 사방 벽입니다, 벽 앞에서 위를 보니 달에 걸린 구름이 흩어지고 하늘은 검푸릅니다, 불안의 하늘 비가 오려는지 점점 어두워집니다,

멀리 이집트의 사막과 피라미드를 만나고 싶은데 더 멀리 남극의 펭귄이 보고 싶은데 여긴 한반도 남쪽입니다, 떠내려가지도 못하고 머물지도 못하는 철책으로 둘러쳐진 한강이 보입니다,

참외와 수박이 다른 것처럼 기대는 것과 버티는 것이 다른 것처럼 여자와 남자가 다른 것처럼 벽과 문은 다르면서 같습니다,

하늘

가까이

더 가까이 갔다고 생각했는데

당신은

더 멀리 있다,

푸른 당신

검은 당신

밑도 끝도 없는

당신,

그럼 뭐해

여름 가고 또 여름 무덥고 습한 여름 가고 또 무덥고 습한 여름 겨울 가고 또 겨울 춥고 건조한 겨울이 가고 또 춥고 건조한 겨울 그래도 겨울이 좋아 겨울이 좋아,

　서진과 그의 여동생 효정의 대화
　효정 : 프랑스어가 불어가?
　서진 : (당당하게) 불어가 어떻게 프랑스어야
　효정 : 프랑스는 에텔탑이 유명하지?
　서진 : 에펠탑은 파리지
　MC 은지원과 백지영은 두 남매가 귀엽다며 크게 웃는다,
　　　　　　─'살림하는 남자들'(KBS2 예능프로그램)

작은 화분에 나팔꽃씨 하나 심었어, 그놈이 덩굴 뻗어 허공을 타고 오르더니 여름 내내 보라 보라 보라 꽃을 피워,

어쩌다가

늦은 밤 꽃잔디에 누워있던
바람이 새벽의 달맞이꽃 향기에 취한
바람이 한낮의 구절초에 환장한
바람이 작은 잎 돋아나게 하더니

물 맑은 계곡에서
딱딱한 껍질 적시다가 여름
장맛비 끈끈한 냄새 맡으며
근근이 살아간다,

왜냐하면

사진 속 동자승 일곱이 잔디밭에 둘러앉아 있다, 조금 큰 동자승 둘이 실뜨기 놀이를 하고 나머지 작은 동자승은 모두 딴청이다,

계곡물은 출렁출렁 바위를 넘어가고 있다, 나무 그림자가 흘러가고 똥덩어리가 흘러가고 말씀도 흘러간다,

개미 떼가 길을 막는다, 무언가 부지런히 옮기고 있는 개미들을 넘어갈까 비껴갈까 잠시 멍하니 섰다가 되돌아간다,

그림자가 없다

"이것이 있기에 저것이 있고 이것이 일어나기에 저것이 일어나고 이것이 없기에 저것이 없고 이것이 사라지기에 저것이 사라진다"는 말이 있고, "공즉시색 색즉시공"이란 말이 있는데,

그믐밤에 짖는 개소리는 개나 알아듣는 개소리, 개가 아닌 나는 알아들을 수 없는 개소리, 봄비 오는 날 비 맞는 개소리, 거울에 비친 그림자를 밟을 수 없는 비루먹은 개소리,

사춘기

"알겠는가?"
"모르겠다."

흔적이 없다, 걸리고 막힌 흔적이 없다, 봄 구름도 아니고 가을 구름도 아니고 밤 구름도 아니다, 새털구름 뭉게구름 먹구름도 아니다, 비로봉에 오르니 산을 타고 오르내리는 구름이 찰나에 나타났다 사라진다,

"알겠는가?"
"그래도, 모르겠다.",

중앙시장

입구에서 좌판 깔고 도라지 껍질을 벗겨 파는 할머니 엄마가 있습니다. 껍질은 질기고 장바닥을 훑어가는 겨울바람은 날카롭습니다. 목을 움츠리고 분주히 오가는 신발만 보입니다. 좌판 옆에는 목탁을 두드리며 탁발하는 스님이 있습니다. 호객하는 상인은 없습니다. 어두워지면서 눈이 날리더니 할머니 엄마 머리 위에 눈꽃이 핍니다. 오늘은 집 나간 아들이 돌아오려나 하늘을 봅니다.

심심한 방

안방 사랑방 다락방 노래방 비디오방……,

방에서 산다, 비 오는 날에는 방에서 산다, 바람 부는 날에는 방에서 산다, 그럭저럭 강에서 낚시할 때도 있고 산을 오를 때도 있지만 주로 방에서 산다,

방귀 방망이 방앗간 방아깨비 방애물……,

하늘이 심심하다, 구름이 심심하다, 흔들리는 나뭇가지가 심심하다, 방도 심심하고 나도 늘 심심하다,

사이

산과 산 사이에 돌바다가 있다,

한국의 명산 130개를 골라놓고(산림청 블랙야크 한국의 산하 선정 100대 명산 중복) 한 산 한 산 오른다, 3년 하고도 반년, 오늘로 100산을 오른다, 아무 생각 없이 그냥 오른다, 아직 오르지 못한 산은 멀리 있어 천천히 오르려고 남겨놓은 산이다,

눈사람과 눈사람 사이에 눈사람이 있다,

연기

밤비 맞으며 걷다 지치면 배를 타고 바다로 나간다

밤바다는 늘 출렁이고 하늘은 어둠에 묻힌다

불타는 불타 불타가 되고

5월의 줄장미를 보면 5·18 민주광장이 생각나고

나팔꽃은 한나절 피고 지면서 매일매일 꽃을 피운다,

돌

일렁일렁 반짝이는 초저녁 물비늘을 본다

물비늘 따라 흘러가는 돌

흘러가도 흘러가도 제자리에 웅크리고 있는 돌

갈대가 흔들려도 돌

줄지어 기러기가 날아가는 서쪽 하늘에

콕 박혀 있는 돌

봄이 와도 돌 바람 속 죽은 듯 살아가는 돌,

무상

"안녕"
엄마의 손을 잡고 뒤돌아서는 아이의 눈빛 끝에 할머니가 있습니다

"또 와"
웃으며 손짓하는 할머니의 눈빛 끝에 외손녀가 있습니다

빗방울이 떨어집니다

자라는 몸과 허물어지는 몸 사이로 떨어집니다,

사랑나무

나도 모르고
너도 모를지 모른다

혹여
너는 나를 느낄지 모르지만
나는 끝내 너를 느끼지 못할지 모른다

말로 다 말할 수 없을 때
달빛 아래 흔들리는 것들
갈대면 어떻고 억새면 어떤가

물새의 흔적을 찾을 때
물빛 따라 흔들리는 것들
기타 소리면 어떻고 피아노 소리면 어떤가

아무렴,
어화둥둥 너를 안고
사랑 사랑 사랑나무면
또 어떤가,

겨울잠

일주일째 한파주의보,

몇몇 아이들이 눈 쌓인 농구장에서 놀고 있다, 농구공 뺏기 놀이는 한 시간 이상 계속되고 있다,

첫사랑을 보낸 그해 겨울에는 눈이 많이 내렸다, 최전방에서 친구의 시신을 인수하여 화장장으로 가던 날도 눈이 내렸다, 삶과 죽음을 이야기하던 옛친구가 그리운 오늘도 눈이 내리는데 모두 두루두루 눈물 흘리는 날이 없었으면 좋겠다,

겨울의 북극곰은 우울한 겨울잠을 자지 않는다,

밥

옛날 옛적 호랑이 담배 피우던 시절에는 호랑이가
"떡 하나 주면 안 잡아먹지"
거짓말하고 떡도 먹고 엄마도 잡아먹었다,

불안한 개미와 우울한 개미가 있다, 한집에 살면서 불안한 개미는 하루 종일 부산하게 움직이고 우울한 개미는 하루 종일 구석에 웅크리고 있다, 불안한 개미가 먹이를 물고 와 우울한 개미를 먹인다,

배고프면 밥 먹는 일이 일이다,

동막해변

자주 찾는 해변이지만 밀물을 만나지 못했다, 솔밭 벤치에서 김밥을 먹은 적도 있고 인근 식당에서 해물칼국수를 먹은 적도 있지만 갯벌 가득 바닷물 꽉 들어찬 해변은 보지 못했다, 물때를 알고 가야 만나겠지만 갈매기에게 새우깡만 던져주고 돌아오곤 했다,

밀물과 썰물은 갯벌을 오가며 한 몸으로 살아간다,

연

아무도 물건을 고르지 않고 모두 물건을 고른다, 고른 물건은 없고 고른 물건은 많다, 장바구니가 텅텅 비고 장바구니가 가득 찬다, 크고 뚱뚱한 사내의 선물 바구니가 가득 찬다, 웃으며 집으로 돌아와 선물을 펼쳐 놓는다, 선물은 그대로 거실 바닥에서 늘어놓는데 아무것도 없다,

바람이 불어오는 곳은 어딘가 머무는 곳은 어딘가,

땅에 떨어지는 빗방울이 소리가 들린다, 두런두런 작은 목소리로 대화하는 소리가 빗방울 소리에 섞인다, 무슨 소린지 모르겠는 소리가 한참 들리다가 멈춘다, 밖은 고요하게 빗방울 소리만 들린다,

나오시마

이우환을 보기 위해 다시 나오시마를 찾았다.

페리에서 내리면 쿠사마 야요이의 빨간 호박이 보인다. 이우환을 보기 전에 지중미술관을 본다. 커다란 모네의 수련 연작 다섯 점을 보면서 모네보다는 안도 다다오의 건축물에 감탄한다.
이우환의 작품은 안도 다다오의 건축물과 한 몸이다. 야외에 전시된 작품도 한 몸이다. 점과 선과 면이 하나인 것처럼, 돌과 철판은 삶과 죽음이 하나인 것처럼 무無를 담고 있다.

출렁이는 바닷물과 Benesse House Museum에서 보는 작품은 덤이다. 이예 프로젝트(Art House Project)로 낡은 가옥을 수리하여 집과 집안의 공간을 하나의 작품으로 만든 것을 보는 것도 덤이다. 공중목욕탕 아이러브유는 실제 마을 사람들이 이용하는 공중목욕탕이면서 작품이다.

일렁이는 바다를 뒷배경으로 쿠사마 야요이의 또 다른 노란 호박이 놓여있다,

국가공무원

유원지를 거점으로 한 상습 폭력배,

재수생 시절 골방 친구들과 구성폭포 근처에서 야영하다가 옆에서 야영하던 이들과 다투어서 생긴 경찰 조서 명,

청평사를 오르는 숲길 중간쯤 단단한 소리를 내며 쏟아지는 구성폭포, 오봉산을 오르며 마주한 폭포는 생각보다 규모가 작았다, 그 시절의 폭포는 지금도 구성구성 떨어지는데 '그때의 나나 지금의 나는 같은 나이다'라는 생각은 생각뿐이고 변하는 내가 있어 어느덧 칠순이 되었다, 그렇게 우기고 버티며 살아보니 살아지는데 애를 키우는 대신 개 고양이를 키우는 세상이 되었다,

겨울로 저무는 해를 향해 기차는 떠나고 유원지를 거점으로 한 상습 폭력배인 우리는 모두 덤덤히 국가공무원으로 근무했다,

부록

고락

한 물건이 나고 한 물건이 죽고

한 물건이 울며 가고 한 물건이 웃으며 간다

한 물건이 달리면 다른 물건이 머물고

한 물건이 머물면 한 물건이 달린다

한 물건의 세상을 한 물건이 본다

찰나적 순간 사는 동안 살아있는 동안

한 물건과 한 물건이 다르고 같다,

두두물물 1

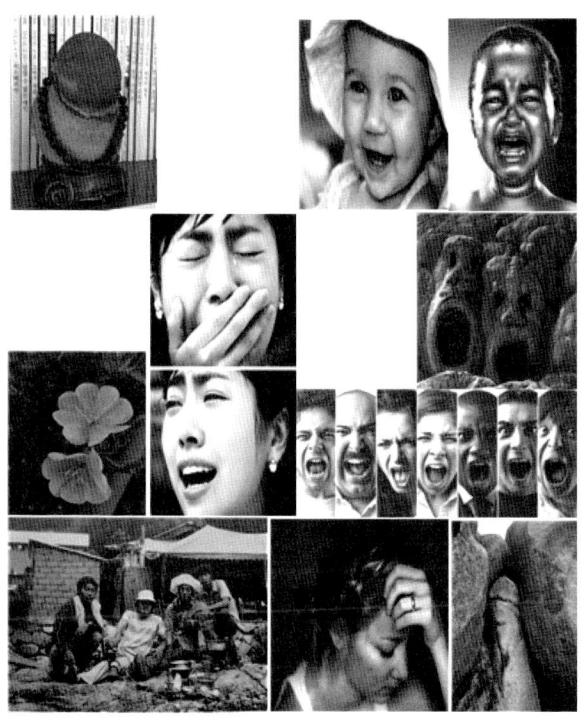

울며 웃으며 한세상 살아간다,

두두물물 2

빈 잔을 쏟는다,

두두물물 3

만들어 놓고 말이 없다,

두두물물 4

한 물건 한 물건 모두 한 물건,

두두물물 5

한 물건 속에 한 물건,

두두물물 6

하늘과 땅 소금 냄새가 난다.

두두물물 7

오랜 세월 견디고 나는 시를 쓴다,